김병완의
**초의식
독서법**

• 이 책은 『김병완의 초의식 독서법』(2014, 2020)을 재출간한 것이다.

김병완의 초의식 독서법

인생을 바꾸는 독서혁명 프로젝트

김병완 지음

아템포

차례

프롤로그 | 위대한 인물, 위대한 가문, 위대한 나라를 만드는 것은 위대한 독서법이다 ·8

1장 왜 읽기만 하는 바보가 되었을까?

읽기는 읽었는데 변화가 없다 ·19
무조건 미치기만 하면 되는 것일까? ·20
독서했다고 함부로 말하지 마라 ·22
조선, 세계 최고 수준의 독서 강국 ·24
한국, 세계 최하 수준의 독서 후진국 ·27

2장 독서, 방법을 배워야 즐길 수 있다

물놀이와 수영은 하늘과 땅 차이 ·37
독서법은 자전거 타기와 같다 ·39
현대의 도능독, 속독법 ·40
독서는 생각의 힘을 기르는 것이다 ·45
독서는 아는 것이 아니라 생각하는 것 ·47

3장　김병완의 초의식 독서법 1 : 배경

자신의 독서법을 검증하라 ·53
효과 없는 독서법에서 당장 벗어나라 ·55
수단으로 삼는 독서를 멈추라 ·57
보이지 않는 차이에 주목하라 ·60
절대로 조급하지 말 것 ·65
천 번을 읽고 또 만 번을 읽어라 ·68
경험이 고수의 뇌를 만든다 ·71
재능은 어떻게 단련되는가? ·75

4장　김병완의 초의식 독서법 2 : 개론

천재를 만드는 세 가지 조건 ·81
신중하게 계획된 심층 연습 ·85
재능에 불을 붙이는 점화 장치 ·90
인간의 능력을 극대화하는 세 가지 의식 ·93
독서의 신이 되는 세 가지 조건 ·97
초의식 독서법이 탄생하다! ·99
초의식 독서법의 다양한 근거들 ·102

5장　김병완의 초의식 독서법 3 : 초서 독서법

초서법의 본질은 '이의역지' ·107
초서법은 독서의 '신중하게 계획된 심층 연습'이다 ·109
붓을 들지 않는 독서는 독서가 아니다 ·112
초서하는 순간 뇌 전체가 움직인다 ·115
초서 독서법의 세 가지 효과 ·117
초서 독서법의 5단계 ·119
공부만 하다가 언제 생각할 것인가 ·122
초서 독서법, 글쓰기에 가장 효과적인 방법 ·126
둔한 붓이 총명한 머리보다 낫다 ·131
초서 독서법, 생각의 근육을 키우는 최고의 방법 ·133

6장　김병완의 초의식 독서법 4 : 의식 독서법

가장 오래된 독서법, 독서삼도 ·139
독서에는 몸과 마음과 의식이 필요하다 ·142
능력이 아니다, 의식이다! ·145
의식이 달라지기 위해서는 의식이 필요하다 ·148
선조들의 의식 독서법을 발견하다 ·152
독서 고수들의 의식 독서법 ·154
서양에서 입증된 의식 독서법과 골프공 연습 기법 ·157
의식 독서법의 여러 가지 효과들 ·160
잠재의식의 힘을 극대화하라 ·161
뇌를 춤추게 하는 독서법이 진짜다 ·165

7장 | 김병완의 초의식 독서법 5 : 초·중급 실천편

초서 독서법 따라 하기 : 독서 전·중·후 노트 작성법 ·171
필수 준비물 : 독서 노트와 필기구 ·178
독서 체험 6개월 동안의 초보 독서법 ·179
한 권의 책을 읽었다면 한 문장으로 요약하라 ·182
독서 체험 1년 동안의 중급 독서법 ·184
읽고 생각하고 쓰고 요약하라, 사행 독서법 ·186
　김병완의 독서 노트 변천사 I : 초급 때의 독서 노트 ·190
　김병완의 독서 노트 변천사 II : 중급 때의 독서 노트 ·204

8장 | 김병완의 초의식 독서법 6 : 고급 실천편 및 BTMS 독서법

독서 체험 2년 차의 고급 독서법 ·215
책과 책을 넘나들다 ·217
통으로 한 번에 읽어라 ·219
열 권의 책을 동시에 읽는 법 ·223
뛰어넘는 독서를 하라, 출입 독서법 ·228
　어느 독서 고수의 독서 노트 ·232
　김병완의 독서 노트 변천사 III : 고급 때의 독서 노트 ·238
현대식 초의식 독서법, BTMS ·242
　BTMS 독서 노트 작성 사례 ·247

에필로그 | 독서 습관보다 올바른 독서법이 더 중요하다! ·253
부록 | 김병완의 초의식 독서법 강의안 자료 ·255

프롤로그

위대한 인물, 위대한 가문, 위대한 나라를 만드는 것은 위대한 독서법이다

"선생님, 독서법에 대한 강의를 부탁합니다."

나는 이런 강의 요청을 받을 때마다 격세지감을 느낀다. 과거에는 생각지도 못했던 일이기 때문이다. 평범한 직장인으로 살던 내가 남다른 삶을 선택한 지 5년 가까운 시간이 흘렀다. 그동안 많은 변화가 있었다. 그중에서 가장 큰 것은 사람들이 나를 부르는 호칭이다. 나는 어느새 '작가 선생님'으로 불리고 있다. 과연 무엇이 평범한 직장인을 작가로 바꾸어 놓았을까?

독서법 강의를 해달라는 요청을 처음 받은 것은 오래전 일이다. 나는 2012년 1월부터 본격적인 강의를 시작했다. 그리고 지금까지 수많은 강의를 해왔다. 강의의 주제 역시 내가 출간한 책의 종류만큼 다양했다.

차별화에 대한 기업체 강의를 한 적도 있고, 비즈니스 글쓰기(Biz-

Writing)에 대해 강의한 적도 있다. 심지어는 전략적 기획서 작성법 등과 같은 강의도 맡았었다. 하지만 내 강의 중 가장 대표적인 것은 누가 뭐래도 '독서법'이다.

평범한 누군가가 비범한 사람으로 도약하거나 탁월한 성과를 창출하는 것을 볼 때 우리는 두 가지 요인을 생각해볼 수 있다. 바로 연습 시간과 질이다. 나는 운 좋게도 3년이라는 연습 시간을 가질 수 있었다. 그리고 한 가지 행운이 더 따랐다. 독서력을 강화하는 방법, 즉 제대로 된 독서법을 발견할 수 있었던 것이다.

'올바른 독서법'을 발견하지 못했다면 나는 지금처럼 되지 못했을 것이다. 다양한 분야에서 많은 책을 쓰고 여기에 힘입어 조금씩 이름을 알리는 베스트셀러 작가라는 타이틀은 존재하지 않았으리라. 다시 말해 내가 '올바른 독서법'을 발견하지 못했다면 3년이 아니라 30년 동안 책만 읽었다 하더라도 큰 진전이 없었을 것이다. 단 한 권의 책도 집필하지 못한 채 여전히 책만 읽고 있을지도 모를 일이다.

그런 점에서 내 인생을 송두리째 바꿔버릴 만큼 기적 같은 힘을 가진 독서법을 처음으로 공개하는 이 책의 의미는 남다르다. 물론 독서법에 관한 책은 이번이 처음은 아니다. 그리고 기존에 출간된 나의 독서법 책 중 베스트셀러가 된 것도 적지 않다.

하지만 지금 이 책은 이전의 책들과는 성격이 확연히 다르다. 기왕의 책들은 일반적인 독서법을 잘 정리해서 독자들께 들려준 것이다. 하지만 이번 책은 그야말로 '김병완'이라는 작가만이 가지고 있는 독특한 내용을 토대로 하고 있다. 그뿐만 아니라 '3년 동안의 실제 독서 경험을 통해 검증된 독서법'을 정리한 것이기도 하다.

역사를 보면 독서를 통해 인생을 바꾼 이들이 적지 않다. 그럼에도 실제 우리 주위에서 독서를 통해 인생을 바꾼 사람을 직접 만나보기란 쉽지 않다. 왜 그럴까? 한마디로 독서법 때문이다.

우리 주위에는 독서를 많이 하고 잘(?)하는 사람들이 많다. 그런데 이들 중 더 효과 있는 독서법을 발견해내거나 자신의 독서법에 대해 한 번이라도 제대로 된 검증과 피드백을 거친 사람은 드물다. 결국 이들은 효과가 별로 없는 독서법으로 계속해서 수많은 책들을 읽기만 해온 셈이다.

독서법은 스키나 자전거를 타는 것과 별반 다르지 않다. 타는 법을 제대로 배우지 못한 채 무작정 스키나 자전거를 타는 사람들은 제대로 된 운동 효과를 얻을 수 없다. 그렇기 때문에 그들에게 스키나 자전거는 즐겁고 유쾌한 운동이 아니라 힘들고 어려운, 말 그대로 스트레스만 주는 중노동일 뿐이다.

나는 독서법 강의를 할 때마다 청중들에게 다소 충격적인 이야기를 들려주곤 한다.

"자전거를 타지 못하는 사람이 자전거를 끌고 동네 한 바퀴를 돌고 와서는 '자전거를 탔다'고 말하는 걸 듣는다면 참으로 허무맹랑한 느낌일 겁니다. 그런데 대한민국의 많은 국민이 독서하는 방법을 모르면서도 자신은 '독서를 할 수 있다'고, 혹은 '하고 있다'고 말하고 있습니다. 저는 이런 이야기를 들을 때마다 이보다 더 허무맹랑한 말은 없다는 생각이 듭니다."

독일의 대문호 괴테조차 독서하는 법을 배우는 데 80년이 걸렸다고 고백한 바 있다. 그러니 평범한 사람들이 독서법이 따로 있다고 아예 생각조차 하지 못하는 것은 어쩌면 당연한 일일 수도 있겠다 싶다.

하지만 글을 읽고 쓸 수 있으면 누구나 독서를 할 수 있다고 여기는 것은 물에 들어가거나 물에 뜰 수 있는 사람이라면 누구나 수영을 할 수 있다고 단순하게 생각하는 것과 크게 다르지 않다.

이 책은 독서법에 관한 이야기를 최대한 깊이 있게 다루기 위해 노력한 결과물이다. 이런저런 이야기는 빼버렸다. 평범한 사람이 비범한 성과를 창출해내고 독서의 고수가 될 수 있는 '김병완의 초의식 독서법'에만 집중했다.

내가 서울 강남에 있는 어느 강연장에서 유료 강의를 할 때의 일이다. 적지 않은 비용을 치르면서까지 그 자리를 찾은 100명 이상의 청중들이 내 강의에 열중했다. 그리고 강의를 다 들은 후 많은 이들이 충격에 휩싸여 전율을 느꼈다고 말했다. 그들 중에는 1년에 수백 권의 책을 독파하는 '독서의 고수'는 물론 유명한 베스트셀러 작가도 있었다. 나는 깜짝 놀랄 수밖에 없었다.

그런데 그 강의에서 한 가지 크게 아쉬운 점이 있었다. 독서 초보자들이 지금 당장 따라 하며 실천할 수 있는 쉽고 구체적인 '단계별 실천 방법'이 미흡했다. 그래서 이 책에서는 '초의식 독서법'에 대한 개론부터 시작해서 강의할 때는 없었던 '단계별 실천 방법'을 보강하고 추가했다. 그리하여 독서의 초보자부터 고수까지 누구나 자신의 독서력 향상을 위해 참조할 수 있는 독서법 책이 될 수 있도록 노력했다.

미치면[狂] 미친다[及]고 한다. 그러나 무조건 미친다고 될까? 물론 나는 책에 미쳤다. 하지만 정말 운이 좋게도 효과 있는 독서법을 발견했다. 그 결과 책에 미치기만 한 사람이 아니라 책을 통해 인생을 바꾸는 사람이 될 수 있었다. 그 비결과 노하우를 이 한 권의 책에 담았다.

위대한 인물에게는, 그리고 위대한 가문과 위대한 나라에는 그들만의 위대한 독서법이 있었다. 위인을 만들고 명문가를 만들고 초강대국을 만든 원동력은 독서량이 아니라 위대한 독서법이었다. 위대한 천재를 만든 것이 그들의 타고난 재능이 아니라 위대한 연습이었던 것처럼 말이다.

한국인이 세계에서 가장 독서를 못하는 민족으로 전락하게 된 것은 일제 35년 동안 우리 민족의 위대한 독서법이 말살되었기 때문이다. 그 이후 우리는 독서하는 방법을 제대로 배우지도, 발견하지도 못했다. 그런 탓에 세계에서 가장 위대한 민족이 책을 읽지 못하거나 그저 읽기만 하는 바보로 전락해버린 것이다.

한국인들이여! 독서법을 제대로 배우고 익히면 똑같은 노력과 시간으로 지금보다 열 배는 더 큰 독서 효과를 얻게 될 것이다.

이 책을 쓴 목적은 우리 선조가 내게 독서법을 전해주라고 명했기 때문이다. 나는 그러한 사명감을 느끼기 때문에 전율하면서 미친 듯이 책을 써 내려갈 수 있었다. 이 책을 쓰기 위해 내가 추가로 연구하고 개발한 것은 하나도 없다. 이 책에서 소개하는 독서법은 내가 만든 것이 아니기 때문이다. 세계 최고의 독서 강국이었던 우리 조선 선비들의 위대한 독서법 중 하나에 불과하다. 하지만 그 효과는 세계 최강이라고 감히 자부한다. 왜냐하면 이 책에서 다루는 독서법은 세종대왕과 다산 정약용 선생의 그것이기 때문이다.

속도의 노예가 된 빠른 독서법은 결국 사상누각이 될 뿐이다. 우리 선조는 그렇게 독서하지 않았다. 자신의 꾀에 자신이 속아 넘어간다는 '자승자박(自繩自縛)'이란 말은 현재 우리나라 독서 행태에 그대로 들어맞는다. 수단으로서의 독서, 속도만 빠른 얕은 독서는 결국 독서하는 시간 전체를 허비시킨다. 우리는 이런 식으로 독서를 함으로써 그 무엇 하나 얻지도, 변하지도, 성장하지도 못하는 그런 독서 후진국을 만들어온 것이다. 이 책은 속도와 수단에 침식당한 한국의 후진국형 독서 방법론을 향해 정면으로 일침을 가하는 최초의 독서법 책이다. 하지만 이 책에서 주장하는 초의식 독서법은 일제 35년 동안 단절되고 말살된 우리 선조의 독서법이다.

마지막으로 우리 선조의 초의식 독서법을 현대식으로 전환한 BTMS 독서 노트 작성법도 본문 중에서 공개한다는 것을 미리 알려드린다.

사고하는 데 필요한 기술,
책을 쓰는 데 필요한 기술뿐 아니라
독서하는 데도 필요한 기술이 있다.

_벤저민 디즈레일리

어떤 책은 맛만 볼 것이고,
어떤 책은 통째로 삼켜버릴 것이며,
또 어떤 책은 씹어서 소화시켜야 할 것이다.

_프랜시스 베이컨

| 1장 |

왜
읽기만 하는
바보가
되었을까?

밥은 하루 안 먹어도 괜찮고 잠은 하루 안 자도 되지만

책은 단 하루라도 안 읽으면 안 된다.

_마오쩌둥

읽기는 읽었는데 변화가 없다

'왜 대한민국 사람들은 오직 읽기만 하는 바보가 되었을까?'

한국 사회를 살펴보면 '공부의 신'은 정말 차고 넘칠 만큼 많다. 그런데 놀랍게도 '독서의 신'은 찾아보기 어렵다. 반대로 일본에서는 독서의 신들을 쉽게 찾아볼 수 있다. 바로 이 차이가 패전국 일본이 초강대국으로 성장할 수 있었던 이유이다.

한국 사람들은 책을 많이 읽지 않는다. 이것은 부정할 수 없는 안타까운 현실이다. 하지만 진짜 심각한 문제는 따로 있다. 책을 제대로 읽는 방법을 알고 있는 사람이 거의 없다는 게 진짜, 진짜 심각한 문제이다!

나는 우리나라 전체 인구의 단 1퍼센트 정도만이 독서의 고수라고 칭할 수 있는 이들이라고 생각한다. 즉 1퍼센트 정도만이 독서를 제대로 할 수 있는 사람이고, 나머지 99퍼센트는 독서를 제대로 할 줄 모르는 사람들이라는 의미다.

세계에서 가장 독서를 하기 싫어하는 사람들이 모여 사는 나라가 대한민국이 아닐까? 물론 공부 좋아하고 책 읽는 것 좋아하는 사람들도 적지 않다. 그럼에도 우리나라 사람 80퍼센트 이상은 책을 읽지 않고 살아가고 있다. 하지만 더 안타까운 문제가 있다. 책을 많이 읽는 소수의 훌륭한 사람들조차도 책을 읽은 만큼의 효과를 제대로 얻지 못하고 있다는 사실이다.

여기서 한 가지 질문을 던져보겠다. 왜 한국인들은 '오직 읽기만 하는 바보'가 되었을까?

단도직입적으로 말해 책을 읽는 방법에 대해 단 한 번도 스스로 검증해보거나, 테스트해보거나, 고민해본 적이 없기 때문이다. 즉 우리는 그동안 책을 읽는 방법에 대해서는 거의, 아니 전혀 관심을 기울이지 않았다. 그저 글자만 알면 책을 읽을 수 있다고 너무 쉽게 생각해버렸다. 바꾸어 말하자면 '글을 읽고 쓸 수 있는 사람 = 독서하는 방법을 아는 사람'이라는 등식을 너무 당연하게 믿어왔던 것이다.

무조건 미치기만 하면 되는 것일까?

그렇다면 이러한 문제의 해법은 없을까? 우리 주위를 보면 책에 미쳐서 책만 읽는 사람들이 꽤 있다. 그런데 무조건 미치기만 하면 그 분야에 통달한 대가가 될 수 있을까? 물론 나 역시 책에 미쳐 살았다. 하지만 완전 초보였다. 그런데 운이 좋았다. 운이 따라주지 않았다면 나는 여전히 책만 읽는 바보로 살아가고 있을지도 모른다.

인생은 단 한 번뿐이다. 이왕 책에 미칠 거라면, 책을 통해 자기 자신을 드높이고 더 큰 인생을 살아갈 수 있는 사람이 되는 것이 훨씬 더 의미와 가치가 있을 것이다.

물론 책에 미쳐서 평생 책만 보는 사람들에게 뭐라고 할 생각은 없다. 나 역시 그런 사람 중 하나였기 때문이다.

하지만 자기 혼자 무엇인가에 미쳐 즐기면서 사는 삶보다는 자신에게 주어진 시간과 인생을 바탕으로 타인에게 좋은 영향을 끼치는 삶이 더 가치 있지 않을까.

자신을 '최고'로 만드는 것은 우리 개개인에게 부여된 하나의 사명인지도 모른다. 평범하게 살아가기보다는 자신의 삶을 최고의 상태로 만들어 위대한 일들을 해내는 것은 인류에 대한 최고의 봉사이며 헌신이기 때문이다.

그런데 여기서 중요한 것은 무조건 미치기만 하면 자신을 최고로 만들 수 있는가 하는 점이다. 나의 답은 아니라는 것이다. 이것이 바로 우리가 명심해야 할 부분이다. 미쳐도 '제대로' 미쳐야 하고, '올바른 방법'으로 미쳐야 한다.

애서가 중에는(비록 극소수이겠지만) 책 수집에 미쳐서 자신의 재산을

다 탕진하고, 그것도 모자라 희귀본을 독점하기 위해 다른 사람을 살해하는 사람까지 있다고 한다. 이렇게 미치기보다는 타인과 세상에 선한 영향력을 끼치는 방향으로 미치는 것이 훨씬 더 가치 있지 않을까.

독서했다고 함부로 말하지 마라

나는 3년 동안의 지독한 독서 경험을 통해 한 가지 사실만큼은 분명하고도 정확하게 말할 수 있게 되었다.

"읽었다고 해서 다 독서한 것은 아니다."

책을 처음부터 끝까지 눈으로 읽었다고 해서 "그 책을 읽었다"고 말하는 것은 자기기만이다. 심하게 표현하면 사기다. 인간의 능력은 생각보다 약하다. 특히 기억력이 그렇다. 그리고 무엇보다 책을 감상하는 것과 진짜 독서를 하는 것은 전혀 차원이 다른 활동이다. 마치 음악 감상과 새로운 곡을 작곡하는 일이 엄연히 다른 것처럼 말이다.

독서는 새로운 곡을 작곡하는 일과 다르지 않다. 그런데도 너무나 많은 사람들이 책을 감상만 하고서는 독서를 했다고 스스로 속이고 있다.

이렇게 눈으로만 책을 읽는 사람들, 소극적으로 독서를 하는 사람들은 수만 권의 책을 읽더라도 인생이 바뀌지 않는다. 감상만 하는 독서로는 인생은커녕 단 하루조차 바꿀 수 없다.

내가 회사를 그만두고 도서관에 '출근'하며 처음 책을 읽었을 때, 책 한 권을 읽는 데 3주가 걸렸다. 하루 10시간에서 15시간씩 꼬박 3주간을 읽었다. 그래서 한 권의 책을 글자 하나 안 빠뜨리고 다 읽어냈다. 그런데 책을 다 읽고 나서 책의 뒤표지를 덮는 순간, 나는 한 가지 사실을 깨달았다. 머릿속에 남은 것이 하나도 없다는 사실이었다. 그렇다면 나는 과연 독서를 했다고 할 수 있을까?

그때 나는 임의적이긴 했지만 하나의 결론을 내렸다.

"나는 독서를 한 것이 아니다. 그냥 시간을 낭비한 것이다."

그저 읽었다고 해서 독서를 했다고 말하지 말아야 한다. 단지 시간 낭비만 한 것일 수도 있기 때문이다. 효과가 거의 없는 독서는 시간 낭비라고밖에 표현할 길이 없다.

나는 그렇게 6개월 동안 '밑 빠진 독에 물 붓기' 식 독서를 했다.

물론 다독에 대해, 혹은 무조건 읽는 것에 대해 폄하할 생각은 추호도 없다. 오히려 나는 다독을 권하는 사람에 속한다. 실제로 다독의 중요성에 대해 강조하는 사람들이 적지 않다.

그중 한 사람이 노벨 화학상을 받은 독일 학자 프레더릭 빌헬름 오스트발트이다. 화학자와 물리학자이면서 동시에 철학자인 그는 '성공한 사람들은 어떤 공통점을 가지고 있을까?'라는 흥미로운 주제에 대해 연구를 한 적이 있다. 그의 연구 결과에 따르면 성공한 사람들은 모두 두 가지 공통점을 가지고 있었다고 한다.

첫 번째는 실패나 시련이나 위기 앞에서도 포기하거나 좌절하지 않는 절대 긍정의 사고를 가졌다는 것이다. 그리고 두 번째는 바로 '엄청난 다독가'들이었다는 점이다. 이 대목에서 빌 게이츠가 "하버드대 졸업장보다 독서 습관이 더 중요하다"고 말한 것은 흥미롭다.

하지만 제대로 된 독서 방법론을 갖추지 못한 사람들은 아무리 열심히 독서를 해도 큰 효과를 거두기 어렵다. 따라서 독서 습관도 때에 따라서는, 혹은 사람에 따라서는 백해무익한 것이 될 수 있다는 점을 잊어서는 안 된다.

조선, 세계 최고 수준의 독서 강국

나는 독서법 강의 요청을 처음 받았을 때 별로 대수롭지 않게 생각했다. 내가 경험한 것을 솔직하게 말하면 될 것 같았다. 그래서 독서법 강의를 했고 반응은 나쁘지 않았다. 하지만 독서법 강의 요청이 갈수록 늘어나자 사정이 달라졌다.

처음 몇 번은 경험을 이야기하는 것만으로도 만족스러웠다. 그런데 이것이 열 번이 되고, 스무 번이 되다 보니 더는 나 자신이 만족할 수 없는 지경에 이르렀다. 청중들은 좋아했지만, 강사인 나 자신에게는 뭔가 부족하다는 느낌이 끊임없이 들었다.

그러던 차에 유료 강연 제안을 받게 되었다. 개인이 돈을 내는 유료 강의였고, 주제는 당연히 독서법이었다. 이렇게 유료 강의를 맡고 보니 오신 분들에게 좀 더 많은 것을 전해주어야 할 것 같은 의무감이 저절로 생겼다. 나는 그때부터 독서법을 제대로 성찰해보기 시작했다.

나는 독서법 강의를 준비하면서 자연스럽게 우리 선조의 독서법에 초점을 맞추게 되었다. 물론 그전에도 많은 책을 읽었지만, 이번에는 오직 독서법에 한정해서 선조들의 책을 읽었다. 이를 통해 나는 우리 선조가 독서에 관한 한 세계 최강의 대가들이었다는 사실을 알게 되었다.

그뿐만 아니라 여러 가지 뜻깊은 사실도 발견할 수 있었다. 우리 선조 중에는 평생 1000여 권의 책을 쓴 독서의 고수이자 집필의 신도 있었다. 어떤 분은 18년 동안 무려 500여 권에 이르는 책을 폭발적으로 집필한 신들린 고수였다. 또 어떤 선조는 한문으로 된 책들을 대각선으로 훑어 내려가면서 다 읽었다고 했다.

조선이 세계 최강의 인문학 독서 강국이었음을 알게 해주는 증거들은 한둘이 아니다. 나라의 일꾼을 뽑는 선비들의 과거 시험을 예로 들어보자. 과거는 인문학 독서를 열심히 하지 않은 사람들은 절대로 치를 수 없을 정도의 수준 높은 시험이었다. 지금처럼 암기만 하면 되는 사지선다형이 아니었다.

우리 민족은 주입식 교육을 하지 않았다. 세상의 복잡한 문제에 대한 해법을 논하는 그런 수준 높은 공부를 했다. 실제로 조선 시대에 출제된 과거 시험 문제들을 살펴보면 이러한 사실을 잘 알 수 있다.

- 교육이 가야 할 길은 무엇인가?
- 정벌이냐 화친이냐?
- 그대가 공자라면 어떻게 정치를 하겠는가?
- 지금 가장 시급한 나랏일은 무엇인가?

이런 문제들에 대해 수준 높은 해결책을 글로 써서 제출할 수 있어야 나라의 관리가 될 수 있었다. 단순히 지식만을 이해하고 암기했다고 해서 나라의 관리로 등용될 수는 없었다. 이러한 시험 문제에 대답하기 위해서는 엄청난 양의 독서를 하되, 제대로 된 독서를 통해 사고력과 통찰력을 최대치로 키워야 했다.

우리나라는 명문가마다 그들만의 수준 높은 독서법이 존재했던 위대한 인문학 국가였다. 그리고 최고의 인문학 독서 고수들이 활약했던 자랑스러운 나라이다.

우리 선조에 대해 제대로 아는 것은 인문학의 한 출발점이라 할 수 있다. 그런데 공자의 '위편삼절(韋編三絶)'은 누구나 다 알면서 우리의 자랑스러운 다산 정약용 선생의 '과골삼천(踝骨三穿)'은 잘 모른다. 이것이 우리의 현주소이다.

다산 선생은 18년 유배 생활 동안 얼마나 많은 책을 읽고, 얼마나 많은 책을 썼을까? 그는 18년 동안 500여 권의 책을 집필했다. 이런 사실을 보면 그가 엄청난 독서 고수라는 사실을 여실히 알 수 있다.

'과골삼천'은 복사뼈가 세 번이나 구멍이 날 정도로 엄청난 독서와 집필을 했다는 뜻이다. 이 정도로 혼신을 다해 독서와 저술 활동을 한 사람은 세계 어디를 보더라도 쉽게 찾을 수 없다.

한국, 세계 최하 수준의 독서 후진국

우리 선조가 세계 최고 수준의 독서 고수들이었다는 사실을 전혀 실감할 수 없는 현실이 지금 우리 앞에 펼쳐지고 있다. 부끄럽게도 지금 대한민국은 공부의 신은 차고 넘치지만, 독서의 신은 절대적으로 부족한 독서 후진국이 되어버렸다.

이렇게 우리 대한민국의 평균적인 독서 수준이 세계 최하위 수준이라고 감히 말할 수 있는 이유는 평범한 일반 국민이 독서하는 방법을 제대로 배울 수 있는 교육 시스템이나 프로그램이 아예 없다시피 한 현실 때문이다. 이것은 충격이다.

나 역시 대한민국에서 4년제 대학을 졸업한 사람이다. 대한민국의 평균에 속하는 평범한 중년이었다. 이런 사람이 도서관에 처박혀 하루에 15시간씩 6개월 동안 책만 읽고 나서 내린 결론은 '나는 독서를 할 줄 모르는 사람'이라는 것이었다.

그렇다면 내가 다른 사람들보다 특별히 못나서 그런 것일까? 아니면 너무나 특별한 존재이기 때문에 그런 것일까? 내가 남과 너무나 다른 존재이기 때문에 그렇다고 치부해버리면 오히려 마음이 가볍다. 하지만 결코 그렇지 않았다. 다른 사람들도 나와 마찬가지였다.

나는 전국 곳곳을 누비며 독서법 강의를 하면서 청중들의 질문과 고민을 많이 들어보았다. 사람들 대부분은 독서를 제대로 하는 방법을 찾거나 발견하지 못한 채 그저 초등학교 때 배운 읽고 쓰는 방법을 수십 년이 지난 후인 어른이 되어서도 똑같이 반복하고 있었다. 이것이 인정하지 않으려고 해도 인정할 수밖에 없는 우리나라의 독서 현실이다.

한국인들은 한마디로 제대로 된 독서법을 배울 기회가 없었다. 제대로 된 독서법을 가르칠 수 있는 어른(?)들이나 선생조차 사라진 지 오래이다. 세계 최고를 자랑하던 명문가들의 수준 높은 독서법들이 일제 치하에서 말살되었고, 많은 귀중한 책들이 불에 타 없어져 버렸기 때문이다.

이제는 소경이 소경을 인도하듯 독서법을 제대로 알지 못하는 사람들이 독서법 책을 통해 배운 이론만으로 독서법을 가르치는 상황이 되어버렸다. 한마디로 자전거 타는 법을 모르는 사람이 자전거 타는 법을 가르치고 있는 것과 같은 셈이다. 이들은 책을 통해 이론적 지식만을 배운 후 (여전히 자전거를 타지 못하면서) 자전거 타는 법을 가르치는 전문가로 행세한다. 그리고 다른 이들에게 자전거 타는 법을 가르치고 있다. 이것이 바로 한국 독서 문화의 현주소이다.

한국인들의 연간 독서량을 알아보면 기가 막힌 사실들을 접할 수 있다. 문화체육관광부의 국민 독서 실태 조사 결과도 마찬가지다. 한국인은 독서를 너무 안 하고, 심지어 너무 못하는 국민이라는 부끄러운 현실이 드러난다.

물론 해마다 조금씩 수치 차이가 날 수 있겠지만, 그렇다고 평균적인 수치가 하루아침에 크게 달라지진 않는다. 한국인들은 하루 평균 30분 남짓 책을 읽는다. 한국인들의 주당 독서 시간은 3.1시간이고 다른 나라의 주당 평균 독서 시간은 6.5시간이다. 즉 한국인은 세계 평균의 절반에도 미치지 못하는 독서량을 갖고 있다.

한국인 평균 일일 독서 시간

연도	평일(성인)	주말(성인)
02년	31	32
04년	27	37
06년	34	37
07년	33	35
08년	29	30
09년	28	29
10년	31	32

*출처: 문화체육관광부, 〈국민 독서 실태 조사 보고서〉, 2010년.

한국이 독서 후진국임을 잘 보여주는 통계는 더 많이 존재한다. 한국인의 연간 독서량은 평균 9.1권에서 12.1권 사이를 왔다 갔다 하는 정도이다. 그런데 선진국인 미국은 79권이고, 이웃 나라 일본은 73권이다.

한국인 평균 연간 독서량 변화 추이(일반도서)

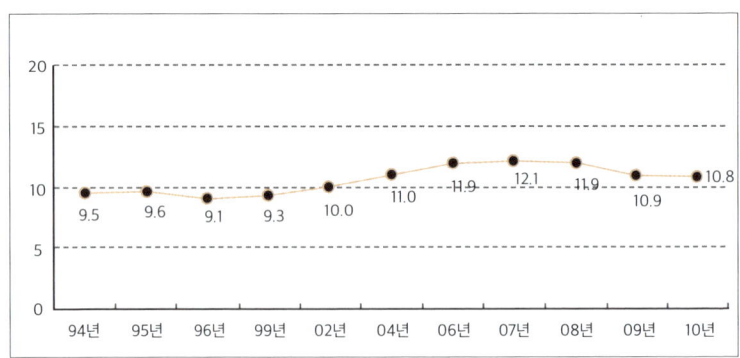

*출처: 문화체육관광부, 〈국민 독서 실태 조사 보고서〉, 2010년.

성인 기준으로 볼 때, 한국인들은 한 달 평균 0.8~1.0권을 읽는다. 그런데 미국인은 6.6권 전후, 프랑스인은 5.9권 정도, 일본인은 6.1권 정도를 읽는다. 중국도 2.6권을 읽는다고 한다.

월평균 성인 독서량 비교

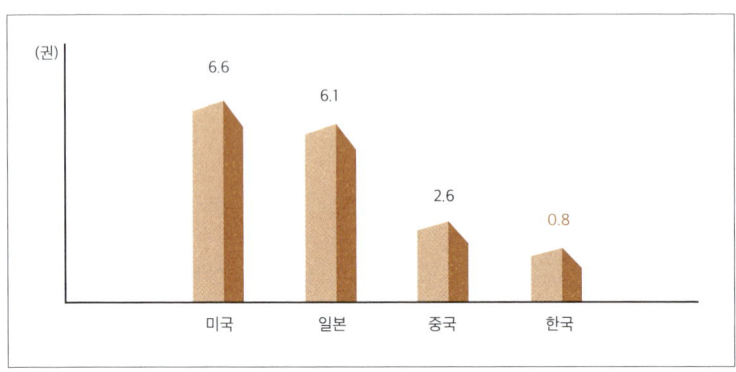

*출처: 문화체육관광부, 〈국민 독서 실태 조사 보고서〉, 2011년.

유엔(UN)이 조사한 바에 따르면, 성인 독서량 순위에서 우리 한국은 전체 192개국 중 166위라고 한다. 성인 10명 중 9명은 하루 독서 시간이 10분도 채 안 된다. 심지어 대한민국 성인 4명 중 1명은 1년 동안 단 한 권의 책도 읽지 않는 것으로 나타났다. 정말 처참하기 짝이 없는 실정이다.

그렇다면 한국인들은 왜 이렇게 책을 읽지 않는 민족이 되어버렸을까? 이유는 간단하다. 한마디로 책 읽는 것이 재미없고 힘들기 때문이다. 이렇게 독서가 재미없고 힘든 이유는 제대로 된, 그래서 즐겁고 신나는 독서 방법을 못 배웠기 때문이다.

그래서 나는 독서 방법을 이렇게 강조하는 것이다. 스키를 탈 때 스키 타는 법을 모르는 사람들이 스키를 신은 채 산에서 내려오는 과정은 매우 험난하다. 두렵고 스트레스가 생긴다. 하지만 스키를 잘 탈수록 산에서 내려오는 것이 즐겁고 신이 난다.

독서 후진국이 된 이유는 비단 이것뿐만이 아니다. 우리나라 공공도서관 시설과 장서 규모를 보면 경제협력개발기구(OECD) 주요 선진국의 절반 수준에 겨우 미치는 상황이다. 2014년 1월에 발표된 대통령 소속 도서관정보정책위원회에 따르면, 우리나라 국민 1인당 공공도서관 장서 수는 2012년 1.53권 수준으로, 비록 과거에 비해 늘었다고는 하지만 유네스코가 2010년 제시한 최저기준(2~3권)에도 여전히 미치지 못하는 것으로 나타났다.

또한, 공공도서관 1관 당 봉사대상 국민 수도 2012년 기준 6만

1532명으로 조사됐는데, 이는 미국 3만 4493명, 영국 1만 4826명, 독일 1만 60명, 일본 3만 9813명 등과 비교해 볼 때 크게 못 미치는 상황이다.

이러한 시설 측면만 놓고 봤을 때도 우리나라의 독서 수준이 세계적으로 얼마나 낮은지를 알 수 있을 것이다.

제가 세상에서 가장 좋아하는 것은 책과 초밥입니다.

애플의 창업자로 인류에게 스마트폰 시대를 활짝 열어준 스티브 잡스의 말이다. 이처럼 위대한 인물들은 모두 책을 좋아했다. 한국에서 위대한 인물이 쉽게 나오지 못하는 것은 책보다 더 좋아하는 것이 없는 독서광들이 적기 때문이다. 독서광이 적은 이유는 독서법이 사라졌고 독서를 통해 재미와 즐거움을 발견하지 못하기 때문이다. 결론은 이것이다.

한국이 독서 후진국이 된 것은 과거 조선이 세계 최고 수준의 독서 강국이었다는 점과 비교해볼 때 어이가 없는 일이다. 선조들이 가슴을 치고 통탄해하고 있을지 모른다.

한국이 독서 후진국이 된 가장 큰 이유는 독서법이 일제 35년 동안 말살되었기 때문이다. 그래서 지금 한국 사회에는 독서법을 제대로 가르칠 수 있는 사람이 드문 것이다. 기성세대들도 제대로 된 독서법을 전수받지 못했기 때문이다.

한국인에게 가장 좋은 독서법은 우리 선조의 독서법이다. 왜냐하면 현대 한국인의 문화적 유전자 속에 우리 선조의 취향과 성격, 스타일 등이 고스란히 녹아 있기 때문이다. 다른 나라의 독서법도 훌륭하지만, 이러한 문화적 맥락 때문에 우리 선조가 남긴 전통 독서법을 따라잡지는 못한다. 이것이 나의 지론이다.

그런 의미에서 '김병완의 초의식 독서법'은 가장 한국적인 '한국인을 위한 독서법'이라고 할 수 있다. 조선 선비, 즉 우리 선조들의 독서법을 그대로 담아냈기 때문이다.

| 2장 |

독서,
방법을
배워야
즐길 수 있다

한 인간의 존재를 결정짓는 것은
그가 읽은 책과 그가 쓴 글이다.

_도스토옙스키

물놀이와 수영은 하늘과 땅 차이

물속에서 하루 내내 지낸 적이 있다. 그때는 혈기가 왕성했던 대학생 젊은 시절이었다. 아침 식사 전의 새벽 운동을 좋아했던 터라 그날도 운동을 하기 위해 동네 수영장에 갔다.

무더운 여름임에도 새벽이라 사람이 많지 않았다. 아침 운동 삼아 수영하기에 너무나 좋은 조건이었다. 나는 물속에 들어가서 정신없이 수영을 했다. 정말 특별한 경험이었다.

그렇게 수영에 몰입했는데 문득 시간이 좀 된 것 같다는 생각이 들었다. '아침 식사 시간이 지났겠구나' 하고 나올 준비를 하려는데, 바로 그때 수영장에서 방송이 흘러나왔다.

수영장 문을 닫을 시간이라는 것이다. 그 사이 12시간이 흘러 오후 6시가 되어 있었다. 종일 밥도 먹지 않고 수영을 한 것이다.

내가 그렇게 밥 먹는 것도 잊은 채 시간 가는 줄도 모르고 수영에 집중할 수 있었던 이유는 무엇이었을까? 그것은 한마디로 수영의 재미를 온몸으로 느낄 수 있을 만큼 수영하는 방법을 잘 알고 있었기 때문이다.

그런데 어떤 사람들은 수영장에 가도 별 재미를 못 느낀다. 수영할 줄 몰라 수영의 맛을 모르기 때문이다.

특정 운동의 '마니아'들은 대개 그 운동을 잘하거나, 최소한 할 줄 아는 사람들이다. 그런데 이것은 비단 수영이나 스키 같은 운동 분야만의 이야기는 아니다. 공부나 독서 같은 분야에서도 마찬가지 이치가 적용된다.

여기서 중요한 점 한 가지를 지적해야겠다. 물속에 종일 있는다고 해서 그 사람이 수영을 할 줄 아는 사람이라고 단정 지을 수는 없다. 수영이 아니라 물장난만 치면서도 종일 물속에 있을 수도 있다. 물에서 노는 걸 좋아하는 사람이 물장난만 하면서 종일 물속에서 지낸다고 해서 그가 수영을 할 수 있다고 결코 말할 수 없다. 물장난과 수영은 엄연히 다르기 때문이다. 그가 수영을 배워서 실제로 수영을 하지 않는 이상 하루 24시간 물장난을 친다 하더라도 그는 절대 수영을 할 줄 아는 사람이 될 수 없다.

독서도 이와 마찬가지다. 글을 읽고 쓸 수 있게 되는 초등학교 때 독서를 할 수 있는 사람이 되었다고 간주하는 것은 수영과 물장난을 한 가지로 여기는 것과 같다. 종일 책을 읽을 수는 있겠지만(종일 물장난은

칠 수 있겠지만) 그것이 곧 독서가(수영이) 될 수는 없다.

분명한 사실은 독서법과 독서력은 나이만 먹는다고 해서 저절로 향상되는 기술이나 능력이 아니라는 점이다.

독서법은 자전거 타기와 같다

독서법은 자전거 타기와 다르지 않다. 자전거를 처음 탔을 때를 생각해보라. 얼마나 많이 넘어지면서 배웠는가? 하지만 어느 순간 혼자서 자전거를 탈 수 있게 되었을 때의 쾌감은 잊지 못할 것이다.

타는 법을 배우고 스스로 익혀서 탈 수 있게 되어야만 비로소 자전거를 즐길 수 있고 잘 탈 수 있다. 이 사실을 모르는 사람은 없을 것이다. 하지만 독서법에 대해서는 이렇게 생각하지 않는 경향이 있다.

'글자를 읽고 이해할 수 있는 사람이라면 누구나 저절로 독서를 할 수 있다'고 너무 쉽게 생각해버리는 것이 가장 큰 문제이다. 이렇게 독서를 너무 쉽게 여기기 때문에 평생 독서의 기술이나 독서력이 제자리걸음을 걷게 된다는 것을 아는 사람은 많지 않다. 오죽했으면 평생 115권의 책을 집필한 천재 괴테가 다음과 같은 말을 했겠는가.

나는 책 읽는 방법을 배우기 위해 80년이라는 세월을 바쳤지만 아직까지도 잘 배웠다고 할 수 없다.

너무나 많은 사람이 책 읽는 방법을 배우기 위해 많은 시간과 노력이 필요하다는 사실을 알지 못한다. 이것이 선조의 독서법과 단절되어 버린 한국인의 안타깝고 한스러운, 그래서 개탄할 만한 현실이다.

독서법은 하나의 기술이다. 시간과 노력을 투자해서 제대로 잘 배운 만큼 잘할 수 있다. 이러한 사실에 대해 스스로 각성한다면 우리는 희망을 품을 수 있다. 자신이 못한다는 사실을 깨닫는 순간 배움이 시작되기 때문이다. 나 역시 처음 6개월 동안 독서하는 법을 모른다는 의식 없이 그저 무작정 읽기만 했다. 그러다가 6개월이란 시간을 낭비하게 되었다.

자전거를 끌고 다니는 것과 자전거를 타는 것은 엄연히 다르다. 말할 수 있는 것과 토론이나 연설을 할 수 있는 것 역시 전혀 다르다. 글자를 아는 것과 독서를 할 수 있는 것 또한 마찬가지다. 이렇게 독서의 차원을 자각하는 것이 독서법을 배우는 첫걸음이라는 사실을 명심하자.

현대의 도능독, 속독법

독서법 강의를 하면서 가장 답답한 순간은 속독법에 대한 질문을 받을 때이다. 나 역시 속독법에 끌려 실제로 독학으로 익힌 적이 있다. 하지만 나는 몇 달 동안 속독법을 독학하고서 이런 결론을 내렸다.

"속독법은 초보자들이 배우기에 적합한 독서법이 아니다."

속독법은 그야말로 몇십 년 이상 엄청난 독서를 해온 사람들이나, 자기만의 효과적인 독서법을 가지고 있을 만큼 어느 정도 고수 경지에 오른 사람이 터득할 수 있는 최상급의 독서법이며 응용법이다. 나는 그렇게 믿는다.

그러므로 처음부터 속독법을 배우면 상당한 부작용이 따른다. 제대로 된 독서 훈련이 안 된 상태에서 고수들이 응용할 수 있는 기술인 속독법을 배우면 위험한 상태에 빠질 수 있다. 제대로 된 독서 대신 '기계적인 독서', 속도만을 중시하는 '수박 겉핥기식 독서', 고수를 흉내만 내는 '원숭이식 독서'를 하게 될 확률이 매우 높다.

기술적인 측면에서 살펴보아도 속독법은 일반인들이 배우기에 적합한 독서법이 아니다. 속독법의 폐해와 어려움은 이뿐만이 아니다. 속독법은 독서의 참된 의미와 가치를 왜곡시킬 수 있는 위험한 독서법이라고까지 말할 수 있다. 속독법을 사랑하고 속독법을 잘하시는 분들께는 미안한 말이지만, 일반인들에게 독서에 대한 올바른 인식을 심어주기 위해 불가피한 설명을 해야 할 것 같다. 속독법 관계자 분들은 절대로 오해하지 마시기 바란다.

나는 독서의 참된 가치와 의미는 책을 통해 자신의 사고력을 단단하게 하는 것이라고 생각한다. 알베르트 아인슈타인도 그렇게 설명했고 랠프 월도 에머슨도 마찬가지의 이야기를 했다.

한마디로 이들의 주장은 독서는 지식의 확장이 아니라 사고의 확장

훈련이라는 것이다. 쉽게 말해 운동을 통해 몸을 단련하듯 독서를 통해 생각을 단련한다고 보았다.

그렇다면 속독법은 무엇인가? 눈의 움직임과 이해력을 빨리 가동하여 책의 내용을 좀 더 빠르게 읽어 들이고 이해하는 것이라고 간략히 설명할 수 있다. 단순히 독서를 책을 읽는 것이라고 한다면 속독법은 정말 추천할 만한 독서법이다. 하지만 독서는 단순히 이 정도만을 의미하지는 않는다.

독서는 책을 읽는 것에서 그치지 않는다. 책의 내용(즉 저자의 생각)과 자신의 생각을 마주하게 함으로써 끊임없이 생각하고 사고의 확장을 도모하는 사고 훈련이다. 그리고 마지막에는 자신이 깨달은 책의 핵심 내용을 한마디로 요약하는, 즉 하나의 문장으로 재탄생시키는 과정이다.

그래서 나는 한 권의 책을 읽었다면 반드시 하나의 문장으로 요약해낼 수 있어야 한다고 본다. 하나의 문장으로 요약해내기 위해서는 끊임없이 생각하고 또 생각해야 하며, 책의 내용과 자신의 생각을 치열하게 비교하고 분석해서 통합해야 한다.

이는 책을 그저 읽는다고, 혹은 생각 한 번 해본다고 해낼 수 있는 수준이 아니다. 즉 제대로 독서를 하기 위해서는 끈기 있게 사고를 반복하며 책의 정수를 뽑아내고 또 뽑아내야 한다.

이는 세종대왕의 독서법이 백 번 읽고 백 번 베껴 쓰는 '백독백습(百讀百習)'이었던 것을 봐도 알 수 있다. 마오쩌둥 역시 세 번 반복해 읽고 네 번 익히는 '삼복사온(三復四溫)' 독서법을 가지고 있었다.

우리 선조가 독서를 하며 암기한 이유는 앵무새처럼 줄줄 외우기 위해서가 아니었다. 책의 내용을 반복하고 또 반복하여 새기면서 그 정수를 뽑아내기 위해서였다. 말하자면 책의 내용을 완전하게 자신의 것으로 체득하기 위해서였다.

따라서 한 번 눈으로 빨리 책을 읽고 내용을 이해한다고 해서 그 책을 읽었다고 말하는 것은 독서의 참된 의미와 방법에 맞지 않는다. 그런 점에서 독서 초보자의 속독은 올바른 독서법이 아니라, 알맹이가 빠진 껍데기 독서법이 될 수 있다.

이렇듯 속독법은 자칫 흉내만 내는 원숭이 독서법으로 전락할 확률이 매우 높은 방법이다. 따라서 속독법은 제대로 된 독서를 할 수 있는 독서의 상급자들이나 고수들이 응용하고 활용하는 고급 기술로 생각하는 것이 옳다.

독서는 사색과 성찰을 위해 하는 것이다. 그런데 속독법은 사색하고 성찰할 시간을 주지 않는다. 그러므로 속독법은 정보의 바다인 인터넷에서 필요한 정보를 빨리 찾아서 읽고 유용한 자료를 수집할 때 더 적합한 기술이라고 할 수 있다.

속독법을 무조건 나쁜 독서법이라고 말하는 게 아니다. 어떤 사람들은 속독법을 통해 많은 책을 읽으며 수많은 지식과 정보를 얻는다. 하지만 나는 초보자가 잘못 배울 때의 위험성을 경고하고 싶다. 이는 사색과 성찰보다는 지식과 정보의 확장에 치중하는 잘못된 독서 습관을 경계해야 한다는 뜻이다.

독서를 지식·정보의 획득 방법으로만 간주한다면 아무리 많은 책을 읽어도 자신을 변화시키는 경험을 할 수 없다. 사람을 변화시키는 것은 지식이 아니라 사색과 성찰이기 때문이다.

옛사람들의 말에, 글의 깊은 뜻은 알지 못한 채 읽기만 잘하는 것을 일컬어 '도능독(徒能讀)한다'고 했다. 우리 선조는 이런 독서를 경계했다. 읽기만 잘하는 도능독으로는 인생이 바뀌지 않는다. 심지어 작은 변화조차 일구어낼 수 없다. 속독법은 이런 도능독을 기술적으로, 현대적으로 더 발전시킨 것이다.

연암 박지원 선생은 책은 책대로, 내용은 내용대로 따로 노는 독서가 바로 이런 도능독이라고 지적했다. 그리고 책의 깊은 내용을 깨닫지 못한 채 그저 책만 잘 읽는 것을 '속된 공부'라고 비판했다.

나는 속독법이야말로 지금 이 시대의 도능독이라고 생각한다. 무조건 빨리 많이 읽는다고 해서 독서의 고수가 되는 것은 아니다. 진짜 고수는 독서를 통해 인생을 바꾸고 자신을 변화시키는 사람이다.

큰 건물을 지으려면 엄청나게 많은 건축 자재가 필요하다. 1층 건물을 지으려는 사람과 63층짜리 고층 빌딩을 지으려는 사람은 시작부터 달라야 한다. 인생을 바꾸는 독서를 하려는 사람들에게는 약삭빠르게 빨리 책을 읽어치우는 속독법보다는 진득하게 읽고 또 읽고, 계속 생각하고 또 생각하는 우리 선조의 독서법이 필요하다.

독서는 생각의 힘을 기르는 것이다

책을 읽는다는 것은 많은 경우 자신의 미래를 만든다는 것과 같은 뜻이다.

독서의 참된 위력을 깨닫고 싶은 사람은 에머슨의 이 말을 곱씹어봐야 할 것 같다. 그런데 독서를 한다는 것이 자신의 미래를 만들어나가는 것과 같다는 말은 무슨 의미일까?

우리의 인생은 우리의 생각에 의해 달라지는 것이지, 지식이나 정보에 의해 달라지지 않는다. "생각이 1퍼센트만 바뀌어도 인생이 달라진다"는 말은 생각이 그 어떤 요소보다 인생에 큰 영향을 끼친다는 점을 표현한 것이다.

사람의 운명을 바꿀 수 있는 다섯 가지가 있다고 말하는 사람들이 있다. 그런데 그 다섯 가지 중 하나가 독서이다.

다른 것은 차치하더라도 독서를 많이 하는 사람들은 절대로 망하지 않는다. 즉 흔들리지 않고 요동치지 않는 태산처럼 살아갈 수 있다. 독서를 많이 하면 경거망동하지 않고, 교만하게 우쭐대지 않고, 남을 무시하거나 깔보지 않게 된다.

이렇게 되는 이유는 그 사람의 생각이 독서를 통해 달라지기 때문이다. 독서하는 사람은 좀 더 큰 생각을 하고 남과 다른 생각을 할 수 있다.

워런 버핏, 조지 소로스, J. P. 모건과 같은 금융계의 전설들은 모두 엄청난 독서를 하는(그리고 한) 사람들이다. 이들은 독서를 통해 남들보다 훨씬 더 뛰어난 사고력과 통찰력을 가질 수 있었다. 남들과 다른 사고력과 통찰력은 결국 이들에게 엄청난 부와 명성을 가져다주었다. 이렇게 위대한 성공과 부를 일궈낸 사람들 대부분은 독서를 통해 탁월한 사고력을 얻은 이들이다.

이러한 사실은 고대라고 해서 다르지 않았다. 전쟁에서 승리한 이들은 모두 뛰어난 사고력을 바탕으로 탁월한 전략을 구사할 줄 알았다. 뛰어난 사고력은 결국 독서에서 비롯되는 것이다.

옛말에도 이르길 "만 권의 책을 읽고 만 리의 길을 다녀야 세상을 보는 눈이 생겨서 인생을 잘 살아낼 수 있다"고 했다.

'생각'은 우리가 짐작하는 것보다 몇백 배 더 강력한 힘을 가지고 있다. 그래서 나는 《생각의 힘》이란 책을 쓰기도 했다. 그 책을 통해 모든 부와 성공과 승리의 토대는 남다른 생각, 탁월한 생각, 뛰어난 생각, 앞선 생각이라는 사실을 강조한 바 있다.

즉 워런 버핏, 빌 게이츠, 오프라 윈프리, 조지 소로스, 토머스 에디슨, 마오쩌둥, 안철수 등과 같은 인물들이 위대한 성공을 거두고 부와 명예와 권력을 거머쥘 수 있었던 이유는 그들을 생각하는 사람으로 변화시켜준 독서의 힘에서 찾을 수 있다. 독서를 하지 않았다면, 그래서 사고하는 힘을 기를 수 없었다면 그들 역시 평범한 삶을 살아가는 수많은 사람들 중 한 명에 불과했을지도 모른다. 결국 그들로 하여금 위대한 성공과 부와 명예를 가질 수 있게 해준 것은 '생각'하는 힘을 길러준 '위대한 독서'였다.

위대한 기업 IBM의 창립자 토머스 왓슨이 강조한 것은 다름 아닌 '생각하라(Think)'였다. 인류에게 스마트폰 시대를 열어준 스티브 잡스가 내건 모토는 '다르게 생각하라(Think Different)'였다. 빌 게이츠는 1년에 몇 번씩 '생각 주간(Think Week)'을 갖는다. 아인슈타인 역시 "지식보다 상상력(생각)이 중요하다"고 말했다.

위대한 인물들과 기업들은 모두 생각의 중요성과 힘을 잘 알고 있었던 것이다.

독서는 아는 것이 아니라 생각하는 것

독서에 대한 가장 큰 오해 중 하나는 독서의 목적이 모르던 것을 알게 하는 데 있다고 보는 것이다. 하지만 독서의 목적은 무엇인가를 아는 데, 즉 지식 습득에 있지 않다.

독서의 가장 큰 목적은 무엇인가를 자꾸 생각해내고자 하는 데 있다. 남들과 다른 생각, 남들보다 더 뛰어난 생각, 어제보다 더 진일보된 생각을 하기 위해 필요한 것이 독서이며, 지혜이며, 경험이다. 그런 점에서 배움의 궁극적인 목적은 '생각하게 하는 것'이라고 할 수 있다. 이는 독서도 마찬가지다.

흔히 실용서보다는 인문 고전을 읽는 것이 더 독서의 효과가 크다고 한다. 그리고 인문 고전에는 사람을 변화시키는 힘이 있다고 한다. 그 이유는 무엇일까? 인문 고전에는 정답이 없기 때문이다.

실용서는 먹고 소화하기 쉽도록 저자들이 이미 잘 요리해놓은 음식들을 담고 있다. 독자들은 저자가 차려놓은 만찬을 그저 먹기만 하면 된다. 다시 말해 실용서는 저자가 정답을 만들어놓고 그 정답을 독자들이 이해하고 수용하게 만든다. 그래서 독자들은 쉽고 간편하고 빠른 독서를 할 수 있다.

이와 반대로 인문 고전의 저자들은 정답보다는 위대한 질문을 던진다. 그래서 인문 고전을 읽는 독자들은 매우 혼란스럽고 힘들다. 읽는 데도 더 많은 시간과 노력이 필요하다.

그래서 실용서보다 인문 고전 독서가 몇십 배 더 생각하게 만든다. 그런 점에서 참된 독서의 맛과 느낌을 경험하기 위해서는 인문 고전 독서를 하는 것이 바람직하다.

인문 고전 독서는 무엇인가를 알려주기보다는 새로운 것을 생각하게 한다. 그리고 생각하는 힘을 길러준다.

지식은 교육을 통해 얻을 수 있다. 하지만 지식이 생각하는 힘을 기르지는 못한다. 그래서 공부만 시킨 대학은 영원히 삼류 신세를 벗어날 수 없다. 반면에 학생들이 인문 고전 독서를 하도록 장려한 대학들은 그 졸업생들을 통해 일류로 도약하게 되는 경우를 쉽게 발견할 수 있다.

속독법이 초보자에게 적합한 독서법이 아닌 이유도 바로 여기에 있다. 무조건 책만 빨리 읽는다고 해서 올바른 독서를 했다고 말할 수 없기 때문이다.

운동을 하면 몸의 근육이 단련되고 신체가 강해진다. 이와 마찬가지로 독서를 하면 생각의 근육이 단련되고 사고력이 강화된다. 이것이 올바른 독서를 했을 때 얻는 최고의 효과이다.

| 3장 |

김병완의 초의식 독서법 1

배경

내가 알고 싶은 것은 모두 책에 있다.
내가 읽지 않은 책을 찾아주는 사람이 바로 나의 가장 좋은 친구이다.

_에이브러햄 링컨

자신의 독서법을 검증하라

"당신의 독서법은 훌륭한 독서법이라고 할 수 있는가? 그래서 자녀에게 물려주어도 전혀 부끄럽지 않은 독서법인가?"

조선 시대 선비들에게 이 질문을 했다면 그들은 모두 자신 있게 그렇다고 대답했을 것이다. 하지만 이 시대를 살아가고 있는 한국인들에게 같은 질문을 한다면 아무 망설임 없이 자신 있게 대답할 수 있는 사람은 많지 않을 것이다. 나를 포함한 대한민국 국민 모두 단 한 번도 자신의 독서법을 검증해보지 않았기 때문이다.

소크라테스는 "검증되지 않은 삶은 가치가 없다"고 말했다. 인생을 살아가는 데도 이러한 검증이 필요한 법인데, 하물며 인생을 바꾸는 독서는 어떻겠는가?

그래서 우리는 무엇보다도 먼저 자기 자신의 독서법을 검증해야 한다. 자손에게 대대로 물려줄 수 있을 만큼 가치 있고 효과 있고 검증된 독서법이 자기 자신에게 있는지 대답해보자.

나는 이 질문에 대해 (이제는) 비록 부족할지라도 떳떳하게 대답할 수 있다. '김병완의 초의식 독서법'이 있기 때문이다. 물론 앞으로 계속 수정하고 보완하면서 독서법을 더 단단하게 발전시켜야 한다. 즉 여전히 완벽한 독서법은 아니다. 하지만 전수해줄 만한 나만의 검증된 독서법이 존재한다는 것은 매우 중요한 의미를 갖는다.

이 책을 읽는 독자 여러분은 어떤가? 내 추측이 아무리 빗나간다 해도 이 책을 읽는 일반 독자 중 80퍼센트 이상은 그러한 독서법을 가지고 있지 않을 것이다.

자녀를 위해 집에 서재를 마련하고 TV를 없애버린 훌륭한 부모들도 많을 것이다. 하지만 이것은 자전거를 타는 방법을 모르는 자녀에게 값비싼 자전거를 사주는 것과 다를 바 없다.

물론 자전거를 배우기 위해서는 자전거가 필요하다. 그리고 자전거를 타지 못한다는 사실에 대한 인식이 있기 때문에 자전거 타는 법을 배우게 된다. 하지만 독서는 자전거 타기와 다르다. 자전거를 사면 타는 법을 배워야 한다는 인식이 바로 생긴다. 하지만 독서법의 경우에는 그것을 모른다는 사실을 인식하지 못한 채 평생을 살아갈 수 있다. 결국 평생 동안 독서법을 제대로 배우지 못할 수도 있다는 것이 자전거 타기와 독서법의 근본적인 차이점이다.

이 책을 제대로 읽고 소화함으로써 독서법을 배우고 익히기 위해 당신이 가장 먼저 해야 할 일은 당신에게는 그 어떤 독서법도 존재하지 않는다는 사실을 인식하는 것이다. 그리고 이와 함께 당신이 지금까지 알게 모르게 사용해왔던 독서법은 검증되지 않은 독서법이라는 사실을 자각해야 한다.

효과 없는 독서법에서 당장 벗어나라

그렇다면 검증되지 않은 독서법, 즉 효과 없는 독서법에는 어떤 것들이 있을까? '오직 읽기만 하는 바보'들이 가진 독서법은 대개 아래와 같이 다섯 가지로 요약될 수 있다.

① 글자 하나하나를 읽는 독서법
② 힘들게 암기하고자 하는 독서법
③ 기계적이고 수동적으로 읽는 독서법
④ 지식이나 교양을 쌓기 위해 수단으로 삼는 독서법
⑤ 독서를 목적 그 자체로 삼지 않고 출세의 수단으로 삼는 독서법

독서를 하는 목적에 대해서는 다른 의견이 충분히 있을 수 있다는 점은 인정한다. 하지만 책 읽기를 수단으로 삼는 사람은 책의 진정한 세계에 빠져들 수 없다는 게 내 생각이다. 수단으로서 독서를 하게 될

때 수박 겉핥기식 독서, 원숭이 독서가 될 확률이 매우 높기 때문이다.

효과 없는 독서법의 가장 전형적인 예가 책을 눈으로만 읽고 이해하여 수용하는 소극적인 독서법이다. 한마디로 작가가 물고기를 잡아 먹기 좋게 요리해서 입에 떠먹여 주는 것을 입만 벌리고 받아먹는 수동적인 독서법이다.

이렇게 되면 앞에서 독서의 참된 효과라고 강조했던 '생각하는 힘'을 기를 기회가 사라진다. 귀한 시간과 노력을 투자해서 책을 읽은 효과가 기껏해야 새로운 지식이나 정보의 습득 정도에 그칠 뿐이다.

효과 있는 독서법이 다양한 것처럼 효과 없는 독서법 또한 다양하다는 건 그렇게 놀라운 사실이 아니다. 강연을 다녀보면 가장 많이 받는 질문 중 하나가 "왜 나는 수천 권의 책을 읽었는데 인생이 바뀌지 않는가?"이다.

그런 질문을 받을 때면 나 역시 당황스럽다. 그 질문에 대한 내 생각을 그대로 이야기하기가 매우 난처하기 때문이다. 그렇다고 해서 내가 인정할 수 없는 말을 듣기 좋으라고 할 수도 없는 노릇이다.

생각해보자. 왜 어떤 사람들은 어렸을 때부터 많은 책을 읽어왔는데도 인생이 달라지지 않을까? 뒤에서 자세히 다룰 것이므로 여기서는 간단히 넘어가겠다. 왜 인생이 바뀌지 않는지에 대한 답으로 어떻게 하면 독서를 통해 인생이 바뀌는지에 대해 말하겠다.

나의 경험을 토대로 생각해볼 때 독서를 통해 인생이 달라진 이유는 두 가지라고 할 수 있다.

첫 번째는 많은 독서를 통해 독서량의 임계점을 돌파했고, 그 결과 의식이 달라졌기 때문이다.

두 번째는 운이 좋게도(!) 올바른 독서법을 발견했고, 그것을 통해 '효과 있는' 독서를 3년 정도 할 수 있었기 때문이다.

수단으로 삼는 독서를 멈추라

나는 독서에 대해 남들과 다른 접근법을 가지고 있었다. 나는 3년 동안 거의 칩거하다시피 하면서 도서관에서 책을 읽었는데, 그때 독서를 무엇을 달성하기 위한 수단으로 삼지 않았다.

많은 이들이 부자가 되기 위해, 성공하기 위해, 작가가 되기 위해 독서를 한다. 그런데 나는 정말 순수하게(그 당시의 나를 보고 바보 같다고 생각한 사람들도 있었을 것이다) 책이 좋아서 책에 빠져 살았다.

바로 이 지점에서 몇 가지 중요한 사실을 깨닫게 되었다. 만약 내가 작가가 되기 위해 독서를 했다면 지난 3년 동안 그렇게 많은 독서를 하지 못했을 것이다. 그리고 독서를 통해 기쁨과 즐거움을 누리지 못했을 것이다. 무엇보다 더 중요한 사실은 독서를 통해 변화된 인생을 만나지 못했을 것이다.

만약 내가 사업을 위해, 성공을 위해, 부를 위해, 혹은 제2의 인생을 잘 살아보기 위해 독서를 했다면, 즉 다른 목적을 위한 수단으로서의 독서를 했다면 독서의 참된 효과를 맛보지 못했을 것이다.

독서를 아무리 많이 해도 인생이 바뀌지 않는 가장 중요한 이유가 바로 여기에 있다. 독서를 부와 명예, 성공과 출세, 입신양명의 수단으로 삼기 때문이다. 그러면 독서도 잃고, 자신도 잃고, 시간도 잃고, 인생도 잃게 된다.

다산 정약용 선생은 이와 관련하여 이런 말을 한 적이 있다.

공부를 그저 출세의 수단으로 여겨서, 출세를 하기 위해 공부를 하면 자신도 잃고 공부도 잃게 된다.

독서의 참된 모습을 보여준 위인 중 한 명이 바로 세종대왕이다. 그는 왕좌에 올랐음에도 마치 선비들이 과거 시험을 치르기 위해 혼신을 다하듯 그렇게 독서를 했다. 그는 출세나 입신양명의 수단으로서의 독서를 하지 않았다. 세종대왕은 독서의 깊은 세계와 참된 위력을 경험했던 사람이기에 독서를 하지 않을 수 없었다. 그래서 임금으로 즉위한 후에도, 그렇게 평생 독서를 했던 것이다. 아래는 《세종실록(世宗實錄)》에 나오는 세종대왕의 독서하는 모습에 대한 서술들 중 일부이다.

즉위하고도 손에서 책을 놓지 않아 수라를 들 때에도 반드시 책을 좌우에 펼쳐놓았고, 한밤중까지 책에 빠져 도무지 싫은 기색이 없었. 임금으로 즉위해서는 이른 새벽에 옷을 입고 날이 밝으면 조회를 받고 다음에 정사를 살피고 그다음에 윤대하고 그다음에 경연에 나갔는데 일찍부터 조금도 해이함이 없었다.

조선의 창업자이며, 세종의 할아버지인 태조는 세종이 이렇게 공부에 몰두하는 자세를 보고, 심하게 걱정을 하면서 다음과 같이 질문하기도 했다.

과거를 보는 선비는 이같이 공부해야겠지만 어찌 임금이 그토록 신고(辛苦)하느냐?

또한 《태종실록(太宗實錄)》에도 세종대왕의 공부하는 자세에 대해 말한 구절이 나온다.

충녕대군은 천성이 총명하고 민첩하고 자못 배우기를 좋아하여 비록 몹시 추운 때나 몹시 더운 때를 당더라도 밤이 새도록 글을 읽으므로……

우리 선조 중 의식이 있는 선비들 대부분은 독서를 무엇인가를 이루기 위한 수단으로 삼는 방법과 접근을 매우 경계했다. 그런 선비 중 한 사람으로 성호 이익 선생을 꼽을 수 있다. 젊어서부터 과거의 뜻을 버리고 경기도 안산에 은거하며 학문과 후진 양성에 주력한 이익 선생은

"찾는 것이 있고 추구하는 것이 있어서 책을 읽게 된다면 책을 읽더라도 얻는 것이 하나도 없을 것"이라고 말하며 경계했다.

이 말에 비추어 보면, 많은 사람이 독서를 하지만 독서를 통해 인생이 달라지지 않는 이유를 쉽게 설명할 수 있다. 독서를 통해 무엇인가를 추구하려고 하기 때문이다. 인생과 세상을 크게 보는 통찰력을 추구하는 사람과 부와 명예, 출세, 입신양명, 성공을 추구하는 사람의 독서는 다르기 마련이다. 수단으로서의 독서는 목적으로서의 독서보다 얻는 것이 훨씬 더 적고 1차원적이다.

보이지 않는 차이에 주목하라

같은 맥락의 이야기를 좀 더 해보겠다. 몇 가지 사례를 통해 사심 없이 독서하는 사람과 욕심을 가지고 독서하는 사람의 독서 효과를 살펴보자.

어떤 사람은 사심 없이 독서를 즐겼다. 하지만 또 다른 어떤 사람은 욕심을 가지고 독서를 했다. 두 사람 모두 하루에 10시간씩 3년간 독서를 했다고 가정해보자.

이 두 사람 중 어떤 사람이 독서를 통해 자신을 개조시키고, 성장하고, 도약할 수 있었을까?

많은 사람이 목표 설정의 뛰어난 효과를 알고 있다. 따라서 그저 즐기면서 책을 읽는 사람보다는 구체적인 목표를 가지고 책을 읽는 사람이 더 큰 독서 효과를 얻게 되었을 것이라고 짐작할 수도 있을 것이다.

그러나 나는 그렇게 생각하지 않는다. 물론 내 생각이 틀릴 수도 있다. 하지만 내가 지난 3년 동안 독서를 한 경험을 토대로 생각해보면 전자가 훨씬 더 큰 독서 효과를 얻는다는 결론을 내릴 수밖에 없다.

자신의 독서법을 검증하면서 사심 없이 모든 욕심을 버리고 독서를 오롯이 즐겨보는 것은 어떨까? 몇 개월 혹은 몇 년을 사심 없이 독서를 즐겨보기도 하고, 반대로 구체적인 목표를 가지고 독서를 해보기도 하면서 과연 어떤 독서 방법이 자신에게 더 큰 효과를 주는지에 대해 고민하고 성찰해보는 것도 나쁘지 않을 것 같다.

평생 초등학교 수준의 독서법과 독서 습관을 이어가는 사람들 대부분은 자기 독서법에 대한 검증 없이 과거 습관대로 독서를 하는 경향이 있다. 그러므로 어떤 독서 방법이 효과적인지 자신이 직접 비교 체험한 후 결정하는 것이 이상적이다.

나는 동양의 현자 중 한 명인 장자를 좋아한다. 그의 주옥같은 가르침 중에서도 특히 내 마음을 사로잡고 비수처럼 가슴에 박힌 글이 하나 있다.

궁수가 사심 없이 그냥 즐기려고 활을 쏠 때에는 자신의 재능을 아낌없이 발휘할 수 있다. 하지만 욕심이 생겨서 만약 청동으로 된 상을 받으려고 활을 쏠 때에는 신경이 날카로워지고 마음이 흐트러지게 된다. 그런데 만약 금으로 된 상을 받으려고 시위를 당긴다면 그때부터는 욕심에 마음을 완전히 빼앗겨 과녁이 두 개로 보이기 시작한다.

내가 나름대로 현대식으로 풀어서 쓴 글이지만 핵심에는 변함이 없다. 사심 없이 즐기면 자신의 재능을 다 발휘할 수 있지만, 상금에 눈이 멀면 마음이 분산되어 결국 자신의 재능을 다 발휘할 수 없다는 뜻이다.

궁수가 재미로 활을 쏠 때는 자신의 모든 기술을 자연스럽게 다 활용하면서 몰입할 수 있다. 하지만 사심이 결부되면, 특히 욕심이나 집착이 마음에 끼면 그때부터는 완전한 몰입을 할 수 없게 된다.

한국 여자 양궁이 세계 최고 수준인 이유 중 하나가 마인드 컨트롤 능력 때문이다. 관중이 야유를 보내거나, 바람이 불고 날씨가 좋지 않아도 마인드 컨트롤을 통해 집중할 수 있는 능력이 다른 나라 선수보다 훨씬 더 뛰어나기 때문이다.

《논어》를 보면 공자 역시 "천재는 노력하는 사람을 이길 수 없고, 노력하는 사람은 즐기는 사람을 이길 수 없다"고 말한다. 보이지 않는 차이가 있음을 명심하자. 우리의 마음 다스림과 관련하여 한 가지 더 나누고 싶은 이야기가 있다.

옛날 옛적에 한 사냥꾼이 살았다. 그는 여느 때와 다름없이 그날도 사냥하러 나섰다. 깊은 산 속을 헤맸지만 허탕만 쳤다. 그런데 돌아오는 길에 큰 호랑이를 발견했다. 그 순간 사냥꾼은 가슴이 뛰기 시작했다. 사냥꾼에게 최고의 순간은 최고의 상대를 만났을 때이기 때문이다. 그는 벅찬 가슴으로 호랑이를 향해 힘껏 활시위를 당겼다. 사냥꾼은 활시위를 놓는 순간 엄청난 기대감으로 마음을 진정시킬 수 없었다. 아무래도 자신이 바위만 한 호랑이의 복부를 정통으로 맞힌 것 같은 느낌이 들었기 때문이다.

반신반의하며 자신이 맞힌 호랑이 쪽으로 가까이 가본 사냥꾼은 놀라지 않을 수 없었다. 놀랍게도 자신이 호랑이라고 생각한 상대는 큰 바위였기 때문이다.

'어떻게 화살이 바위를 뚫고 저렇게 깊게 꽂힐 수가 있었을까?'

자신이 직접 한 일이었지만 도저히 믿을 수가 없었다. 그래서 사냥꾼은 다시 원래 자리로 되돌아와서 똑같이 활시위를 당겨보았다. 몇 번이고 계속해서 화살을 날려보았지만 더는 화살이 바위를 뚫지 못했다. 수십 번 다시 해보아도 화살은 어김없이 단단한 바위에 부딪힌 후 힘없이 아래로 떨어졌다.

도대체 첫 화살과 나중 화살들의 차이는 어떻게 해서 생긴 것일까?

첫 화살에는 어떠한 사심이나 집착도 담기지 않았기 때문에 바위를 뚫을 수 있었다. 물이 흐르듯 태산처럼 한 치의 요동도 없이 온 존재가 집중하여 몰입한 상태로 화살을 쏜 것이다. 마치 뚫을 수 있는 동물을 향해 활을 쏘는 것처럼 말이다. 그때 가장 큰 위력이 발생했다. 하지만 그 이후 두 번째 화살부터는 이미 마음의 집착과 욕심, 욕망이 가득 담겼다. 자신이 화살을 쏘아 바위를 뚫을 만큼 위대한 궁수라는 사실을 다시 확인하고 싶은 욕망, 집착과 사심 등이 마음에 가득 찬 상태였기 때문에 아무리 화살을 쏘아도 절대로 바위를 뚫을 수 없었던 것이다.

이 이야기를 하는 이유는, 나의 독서 경험이 바로 이 사냥꾼과 매우 비슷했기 때문이다. 내가 지금 5년 전으로 돌아가서 만 권의 책을 읽기 위해 다시 책만 읽기 시작한다면 과연 그때처럼 그렇게 할 수 있을까? 아마도 못할지도 모른다. 지금은 이미 다른 사심이 잔뜩 들어가 있기 때문이다.

히로나카 헤이스케라는 사람은 시험만 치면 낙제하기 일쑤였다. 그런데 이 사람이 공부하는 즐거움을 깨달았고 그 후 사심을 버리고 공부를 즐겼다. 그는 수학 분야의 노벨상이라 불리는 필드상을 받게 되었다.

천재들도 받기 힘든 상을 낙제를 거듭하던 평범한 사람이 받았다는 사실은 천재도 즐기는 사람을 당해낼 수 없다는 공자의 말이 현실적 설득력이 있음을 잘 보여준다.

절대로 조급하지 말 것

> 대부분의 사람들은 읽는 방법을 배우는 데 오랜 시간이 걸린다는 사실을 모른다. 나는 80년이 걸렸고, 지금도 완전하다고 말할 수 없다.

115권의 책을 집필한 대문호 괴테가 한 말이다. 이러한 천재도 제대로 된 독서법을 배우는 데 80년이 걸렸다. 그렇다면 우리 같은 평범한 사람들은 과연 얼마나 걸려야 독서법을 배울 수 있을까?

물론 위 괴테의 말에서 80년이 아니라 8년이라고 말하는 책도 있다. 하지만 중요한 사실은 천재조차도 오랜 시간을 들여 독서법을 배워야 했다는 점이다. 이렇듯 독서법을 배우는 데는 오랜 기간과 노력과 투자가 필요하다.

그러므로 절대 조급하게 생각해서는 안 된다. 조금씩 천천히 정성 들여 만들어진 것들이 오래간다는 사실이야말로 세상이 느림에 대해 주는 위로이다.

조급하게 생각하면 절대 독서를 잘할 수 없다. 한국 사람들이 독서를 잘하지 못하는 가장 큰 이유 중 하나가 특유의 조급증 때문임을 알아야 한다.

한국 사람이라고 하면 '빨리 빨리'를 떠올리는 외국 사람들이 많다. 이렇듯 우리는 무엇을 하든 간에 빨리 해치워야 직성이 풀린다. 하지만 우리 선조들은 그렇지 않았다. 독서를 해도 수십 번 혹은 수백 번 읽고 또 읽었다. 심지어 암기까지 하여 완전하게 자신의 것으로 체득할 정도였다. 그만큼 속도보다는 제대로 읽는 것을 중요시했다.

나는 독서법 강의를 할 때 마음에 와 닿는 부분을 옮겨 쓰며 읽는 초서법에 대해 강조하는 편이다. 다산 선생의 초서법을 5단계로 정리하여 소개하기도 한다. 그러면 청중들이 그렇게 기록까지 해가며 독서하면 눈으로 읽을 때보다 훨씬 더 많은 시간이 걸리지 않느냐고 반문하곤 한다.

그럴 때면 나는 우리가 너무 조급해하고 있는 것은 아닌지 되새겨본다. 현대인에게 마음의 여유가 부족한 것은 사실이다. 하지만 오롯이 책에 빠져들 때 오히려 더 빨리 독서를 할 수 있다는 사실을 염두에 둘 필요가 있다.

효과 있는 올바른 독서법으로 독서를 하기 시작하고 그것이 축적되어 독서의 고수가 되면 하루에도 몇 권씩 쉽게 읽을 수 있다는 사실을 명심하자. 물론 그 수준에 오르기까지는 부단한 훈련과 연습이 절대적으로 필요하다. 그렇기에 독서법을 배우고자 하는 사람은 첫술에 배부를 수 없다는 만고불변의 진리를 마음속에 꼭 새겨야 할 것이다.

이렇듯 조급함에서 벗어나야 제대로 된 독서법을 배울 수 있다. 빨리 읽고 핵심만 챙기는 독서법은 실용적인 측면에서 유익하다. 하지만 이런 독서에 길들기 전에 우리가 평생 해야 할 독서의 본질을 상기할 필요가 있다. 그것은 능동적이며 창조적인 과정이다. 속도의 함정에서 벗어나 진득하게 책을 읽고 그 내용을 손으로 직접 쓰며 생각을 곱씹어보고 우려내서 자신의 것으로 만드는 우직함도 필요하다.

그렇게 하기 위해서는 반드시 시간이라는 요소를 투자해야만 한다. 빨리 많은 것을 읽고 이해한다고 해서 그것이 곧바로 자신의 것이 된다고 생각해서는 안 된다.

속도만을 강조하는 이 시대의 관점에서 보면, 한 권을 수백 번 혹은 수천 번 되풀이해서 읽은 우리 선조들은 바보 같은 독서를 한 것처럼 보인다. 그런데 과연 그것이 어리석고 둔한 방법이었을까?

나는 절대 아니라고 생각한다. 오히려 진짜 바보 같은 독서를 하는 사람은 지금 우리다. 자기 꾀에 걸려 넘어지고 있다. 우리는 빨리 읽고 많은 것을 이해하고 자기 것으로 삼기 위해 속독을 하고 실용 독서를 한다. 그것이 현명한 독서법이라는 생각이 들 수도 있다. 그러나 그렇게 시간이 지나면 아무리 책을 많이 읽었어도 정작 인생에 피와 살이 된 것은 하나도 없다는 사실 앞에 서야 할 때를 맞게 된다.

초서 독서법을 하면 시간이 많이 걸리고 힘들고 어렵다. 하지만 그 과정에서 빨리 읽고 이해하며 작가의 주장을 그대로 수용해버리는 그런 쉬운 독서보다 훨씬 더 많은 것을 얻게 된다. 그러므로 실제로는 훨씬 더 시간을 절약할 수 있다.

천 번을 읽고 또 만 번을 읽으라

독서의 고수가 되지 못하는 가장 근본적인 이유는 너무 성급하다는 데 있다. 인생을 바꾸고 자신을 도약시키는 위대한 독서를 할 때조차 너무 빨리 읽고 너무 많은 것을 얻으려고 조급하게 달려드는 경향이 있다는 점을 분명히 지적하고 싶다.

이것이 가장 큰 병폐이다. 뭐가 그렇게 급한가? 뭘 그렇게 얻으려고만 하는가? 진짜 독서는 그런 독서가 아니다. 진득함이 있어야 한다. 자신을 다 내려놓고 책과 하나가 될 수 있어야 한다. 한두 번 빨리 읽었을 뿐인데도 그 책을 다 읽었다고 하면서 자신을 위로하는 것은 가장 경계해야 할 잘못된 독서 태도이다.

빨리 읽고 핵심만 뽑아내는 실용 독서가 잘못된 독서라는 말은 절대 아니다. 때에 따라서는 그런 독서가 필요하다. 그것이 현실이고 사실이다. 하지만 모든 사람이 모든 경우에 그렇게 해서는 안 된다. 너무 많은 사람이 평생 그런 독서만을 경험하고 있다. 이렇게 얕은 독서만 하면 독서를 통해 기껏 지식과 정보만을 얻을 뿐이다. 인생이 바뀌는 독서를 경험할 수 없다. 이런 일을 경계하자는 이야기다.

우리 선조가 독서한 모습을 살펴보면 지금 우리와 정반대임을 쉽게 알 수 있다. 순암 안정복 선생은 《상헌수필(橡軒隨筆)》에서 책은 "옛 성현들의 정신과 심술(心術)의 궤적"이라고 피력한 바 있다. 그렇다면 옛 성현들의 정신과 가르침을 배우기 위해서는 어떻게 해야 할까?

한두 번 그저 바쁘게 읽는다고 해서 옛 성현들의 정신을 전수받고 배울 수 있을까? 어림도 없다. 우리 선조의 독서는 진중하기 그지없었다. 온몸과 마음과 의식까지 다 쏟아붓는 그런 '의식 독서'였다. 그래서 우리 선조 사이에서는 독서에 대해 이런 말이 널리 회자되었다.

- 책을 싫증 내지 말고 백 번을 읽어야 한다.
- 책을 천 번 읽으면 그 뜻을 저절로 알 수 있다.
- 백독백습.
- 독서백편의자현(讀書百遍義自見).

우리 선조들은 읽고 또 읽었다. 그렇게 백 번을 읽으면 책의 내용과 옛 성현의 정신을 얻을 수 있었다.

하지만 지금 우리는 너무 영리해졌다. 그래서 한 권을 백 번 읽는 그런 우매한(?) 짓을 하지 않는다. 하지만 그것이 자승자박이 되었다. 빨리 읽기만 할 뿐 책을 통해 얻는 것은 하나도 없다. 진짜 우매한 독서를 하게 된 것이다.

책에서 무언가 세속적 이익을 얻기 위해 독서를 하는 사람은 여유가 없다. 같은 책을 백 번 읽을 정도로 마음을 비우는 일은 불가능하다. 그러나 우리 선조들은 그렇지 않았다.

옛 선비 중에는 암기를 좋아했던 이들이 있다. 그들이 책을 암기했던 이유는 지금의 우리와 다르다. 우리는 시험을 잘 보기 위해, 강의를 잘하기 위해, 타인에게 자기 지식을 드러내며 잘난 척하기 위해 암기를 한다. 그러나 선조들은 책을 읽을 수 없는 상황에서도 암기한 것을 통해 백 번, 천 번 마음속에서 읽고 또 읽기 위해 암기를 했다. 즉 책을 읽고 또 읽는 행위의 확장으로 암기했던 것이다. 현재 우리가 책의 내용을 다른 곳에 써먹기 위해, 즉 수단으로서의 독서와 같은 선상에서 암기하는 것과는 전혀 다르다.

올바른 독서법의 정수는 어찌 보면 바쁜 현대인에게 적합한 독서법과는 거리가 멀어 보인다. 그러나 이는 표면적으로 볼 때만 그렇다. 실제로 한 권을 백 번 읽을 정도로 책에 많이 투자한 사람은 얕게 책을 읽은 사람보다 훨씬 더 소중한 것을 많이 얻는다. 이것은 놀랍고 신비로운 일이다.

같은 책을 백 번씩 읽는 독서법을 시간 낭비라고 치부해서는 안 된다. 긴 안목으로 볼 때는 다른 결론을 얻을 수 있다. 많은 책을 한두 번씩 얕게 읽고 무엇 하나 제대로 얻지 못하는 현대인의 독서법이 시간을 훨씬 더 많이 낭비한다.

그렇다고 해서 지금 이 시대를 사는 현대인들에게 한 권의 책을 무조건 백 번, 천 번 읽어야 한다고 말하는 것 역시 적합하지 않다. 내 말의 논지는 우리 선조들이 백 번, 천 번 읽으며 추구했던 독서의 가치를 살리자는 것이다. 선조들은 이런 독서 과정을 통해 옛 성현들의 정신과 통했으며 뭔가 깊은 것에 도달했다. 독서 과정에서 끊임없이 사고하며 궁리했기 때문이다.

나는 선조들의 독서 정신을 살리는 현대인의 독서법이 가능하다고 생각한다. 그것은 시간을 조금 더 압축하면서도 손과 의식을 사용하여 집중력을 확대하고 사고를 확장시키는 효과 있는 독서법이다.

'김병완의 초의식 독서법'은 이렇게 선조들이 보여준 독서법의 연장선에서 탄생했다. 사실 천 번, 만 번 읽는 것이 가장 좋은 독서법일 것이다. 하지만 옛날에 비해 읽어야 할 책이 엄청나게 늘어났고 책 읽을 시간이 상대적으로 부족한 것이 현대인의 현실적 상황이다. 이것을 고려하여 수백 번 읽은 것과 같은 효과를 낼 수 있는 독서법이 필요하다.

나는 이 책을 통해 이런 독서법을 소개하고자 한다. 거듭 말하지만, 이 독서법은 우리 선조 중에서 놀라운 학문적 성취를 일구어낸 이들이 사용했던 방법이다.

나는 너무나 운이 좋아서 이 독서법을 알게 되었을 뿐이다. 나중에 이 방법이 우리 선조 중 한 명의 독서법과 너무나 닮았다는 사실을 알고서 깜짝 놀랐던 기억이 있다.

경험이 고수의 뇌를 만든다

나는 책을 쓰는 것을 전혀 다른 세상의 일이라 생각했다. 작가가 되는 것은 꿈조차 꾸어본 일이 없었다. 그런데 나는 지금 그 길을 걷고 있다. 그것도 다양한 분야에서 수많은 책을 집필하고 있다.

평범한 직장인으로 10년 넘게 살아온 중년 남자가, 글쓰기에 대해 한번도 배우거나 공부한 적이 없는 공학도가 회사를 그만둔 지 5년 만에 수십 권의 책을 출간한 작가가 되었다. 정말 이게 말이나 되는 일인가.

어떤 이들은 내가 돈이 많아서 여러 군데 대필을 시켰을 거라 예단한다. 또 어떤 사람들은 책의 내용이나 수준이 거기서 거기일 거라 미루어 짐작하기도 한다. 하지만 내가 쓴 책들의 내용이나 수준은 모두 제각각이다.

책의 주제만 봐도 정말 다양하다. 정치인에 관한 책, 경영자에 관한 책, 기업의 성공 스토리와 그 비결에 관한 책, 뇌과학에 관한 책, 천재들과 고수들에 관한 책, 공부의 기쁨에 관한 책, 독서법에 관한 책, 동기부여에 관한 책, 열정에 관한 책, 차별화에 관한 책, 대화법에 관한 책, 가수에 관한 책, 마음 수양에 관한 책, 조선 선비들에 관한 책, 유대인에 관한 책, 성공한 여성들에 관한 책, 책 읽기에 관한 책 등등. 나도 다 기억을 못할 정도이다.

그리고 책의 수준도 천차만별이다. 내가 좋아하는 분야, 더 많은 책을 읽은 분야, 실제로 경험한 분야, 입문 수준인 분야 등 내 경험과 지식, 의식의 깊이가 분야마다 다르기 때문이다. 어떤 책은 그 분야에 처음 눈을 떠서 공부하며 썼다. 이와 반대로 그야말로 이미 여러 권의 책을 출간할 만큼 그 분야에 대한 경험과 지식을 가지고 있어서 내용 수준이 높은 책도 있다.

한편 많이 팔려 베스트셀러가 된 책도 있지만, 독자의 호응을 못 받은 책도 있다. 외국에 번역 출판된 경우도 있다. 출판사의 요구에 못 이겨 급하게 원고를 써준 때도 있지만, 세상과 단절한 채 정말 쓰고 싶어서 쓴 책도 있다.

이래저래 이야기가 길어졌지만, 결론은 이것이다. 글쓰기에 대해 배운 적도, 경험도, 지식도 없었던 사람이 글을 쓰고 어느 정도 독자층을 형성한 작가로서 성공적으로 변신할 수 있었다. 그리고 그렇게 될 수 있었던 이유는 단 하나 '독서' 경험 덕분이었다.

나는 남다른 독서 경험을 통해 전혀 다른 사람으로 개조(?)되었던 것이다. 이 말밖에 더는 설명할 길이 없다.

남다른 독서 경험을 3년 정도 하다 보니, 어느 날 완전하게 달라진 나 자신을 만나게 되었다. 그 순간부터 책을 쓰는 게 책을 읽기만 하는 것보다 훨씬 더 자연스럽고 나다운 모습이라는 사실을 직시하게 되었던 것이다.

이 과정에서 느낀 것은 책 읽기의 완성은 책 쓰기라는 점이다. 책 읽기는 책 쓰기와 맞닿아 있다. 많이 읽으면 많이 쓸 수 있게 되고, 잘 읽으면 잘 쓸 수 있다. 인풋이 있으면 아웃풋이 있는 것처럼 책 쓰기에는 거짓이나 요행이나 요령이 있을 수 없다.

3년 동안의 독서 경험이 없었다면 나는 지금처럼 글을 쓸 수 있는 사람이 될 수 없었을 것이다. 경험이 사람을 달라지게 한다는 말은 현실적으로 정확한 표현이다.

왜 어떤 사람은 천재가 되고, 대가가 되고, 승자가 되고, 성공을 거머쥐는가? 반대로 왜 어떤 사람은 평생 그 분야에만 천착해도 항상 평범한 수준을 뛰어넘지 못하는가? 혹은 패배자가 되어 실패의 늪에서 허우적거리는 것일까?

이러한 질문에 명쾌한 대답을 해준 사람이 있다. 바로 세계적인 뇌과학자인 이안 로버트슨이다. 그는 우리의 뇌가 승리했을 때의 쾌감을 기억한다고 말한다. 그래서 승리 경험을 반복하면 뇌가 바뀌어서 결국 '승자의 뇌'가 된다는 것이다.

이제 나의 이야기가 조금 이해가 될 것이다. 나는 처음 6개월 동안은 독서를 통해 실패를 경험했다. 그 당시 나는 독서를 해본 경험이 거의 없었던 터라, 솔직히 독서 초보자 수준에도 미치지 못했다.

그 덕분(?)에 첫 6개월 동안, 그것도 밥 먹는 시간 빼고는 책만 읽었는데도 여전히 배움을 얻고 변화를 이끌어내는 독서를 하지 못했다. 즉 6개월 동안의 나는 독서의 측면으로 봤을 때 실패자였다. 만약 그 상태로 3년을 계속했다면 지금도 여전히 패배자일 것이다. 물론 단 한 권의 책도 쓰지 못했을 것이다.

하지만 6개월이 지난 후부터 방식을 바꾸었다. 하루하루 독서의 효과와 방법에 대해 검증하기 시작했고, 매일 피드백을 하면서 독서 방법을 계속해서 변화시켜나갔다.

그래서 차츰 독서를 잘하는 경험을 날마다 하면서 승자의 경험을 했다. 그 결과 독서를 통해 깊은 배움의 세계에 들어갈 수 있었다. 결국 승자의 뇌가 되었고, 그래서 글을 쓰는 자기 자신과 만날 수 있게 된 것이다.

재능은 어떻게 단련되는가?

독서에만 고수가 있는 건 아니다. 모든 분야에 고수가 있고 달인이 있다. (김병만은 정말 달인이다.) 그렇다면 그러한 재능은 정말 타고나야 할까?

원래부터 우리와 다른 사람이기 때문에 대가가 될 수 있었던 것일까? 물론 오래전에는 비범한 사람과 평범한 사람은 태어날 때부터 다르다는 생각이 압도적으로 많았다. 그 설득력도 강했다. 하지만 요즘은 달라졌다.

1990년대부터 천재와 대가들에 관한 연구가 활발하게 이루어졌다. 그리고 천재와 재능에 대한 비밀을 파헤친 연구 결과를 토대로 한 논문과 책들이 쏟아져 나오기 시작했다. 그리고 그 결과들은 천재와 재능에 대한 기존의 견해(편견)들을 뒤엎었다. 이 연구 결과들을 한마디로 요약하자면, 천재는 타고나지 않고 만들어진다는 것이다.

그렇다면 왜 어떤 사람들은 10년을 넘어 평생을 그 분야에서 각고의 노력을 다해 연습해도 세계적인 수준으로 도약하지 못하고 평범한 수준에 머물게 되는 것일까?

이러한 의문 때문에 많은 사람이 천재 혹은 위대한 성과를 거둔 사람들은 정말 열심히 남과 다르게 노력했다거나, 남다른 그 무엇이 있었을 것이라 생각한다. 하지만 미국의 저널리스트인 제프 콜빈은 이것이 잘못된 생각이라는 사실을 적나라하게 밝혔다.

그가 쓴 책 《재능은 어떻게 단련되는가》는 고수와 평범한 사람을 가르는 결정적 지점을 밝히고 있다. 이들의 실력 차이가 발생하는 지점은 재능이나 노력이 아니다. 다시 말해 천재가 되는 비결은 남들보다 더 열심히 노력하는 것이 아니라 제대로 된 연습을 하는 것이다.

그래서 그는 '신중하게 계획된 연습'에 천재를 만드는 비결이 숨겨져 있다고 말한다. 즉 평범한 사람들은 그저 평범한 연습만을 반복하기 때문에 평범함에서 벗어날 수 없다는 것이다. 그는 모차르트, 타이거 우즈 등 세계적 수준의 대가들의 경우를 근거로 들면서, 그저 열심히 평범한 연습만 하면 평생을 해도 인생이 달라지지 않는다는 사실을 강조한다.

우리는 대개 모차르트를 '음악의 신동'이라고 알고 있다. 그에게 타고난 재능이 있었기에 위대한 음악가가 될 수 있었다는 생각을 알게 모르게 가지고 있다. 하지만 사실은 우리의 생각과 전혀 다르다.

그의 초창기 때 작품, 즉 10대까지의 작품은 형편없는 졸작이 대부분이었다. 모차르트는 오랫동안 아버지로부터 혹독한 훈련을 받았고, 그 결과 세계적인 수준의 음악가가 될 수 있었다. 모차르트는 훈련의 결과가 나타난 20대 초반부터 남다른 길을 걸었다. 제프 콜빈은 모차르트가 '신중하게 계획된 연습'을 받지 못했거나 하지 않았다면 평생 평범한 음악가에 머물렀을 거라고 말한다.

제프 콜빈의 《재능은 어떻게 단련되는가》 외에도 재능이 만들어지는 과정에 대해 세계적으로 높게 평가받는 책이 몇 권 더 있다. 대표적인 것으로 말콤 글래드웰의 《아웃라이어》와 대니얼 코일의 《탤런트 코드》를 들 수 있다. 이 두 책 역시 재능은 후천적으로 단련되며 만들어지는 것이라고 주장한다.

자, 그렇다면 평범한 사람들이 갑자기 특별해지고, 둔재가 천재로 도약할 수 있는 비결은 무엇일까? 여기에 대해서는 다음 장에서 좀 더 심층적으로 논의해보자.

| 4장 |

김병완의 초의식 독서법 2

개론

5분만 시간을 주십시오. 책을 다 읽지 못했습니다.

_안중근

천재를 만드는 세 가지 조건

1993년 플로리다 주립대학교의 앤더스 에릭손 교수는 천재와 재능에 관한 기념비적인 연구를 진행했다. 그는 우수한 재능은 과연 어떻게 형성되는지에 대해 면밀히 조사했다.

그의 연구 결과에 따르면 스포츠, 체스, 음악, 비즈니스 등 다양한 분야의 천재들은 모두 선천적으로 타고난 게 아니라 후천적으로 만들어졌다. 그는 대표적인 사례로 모차르트를 들었다.

그는 모차르트가 만 2세부터 8세까지 1주일에 35시간씩 총 1만 시간의 연습을 거쳤다는 놀라운 사실을 밝혀냈다. 즉 모차르트는 선천적인 천재, 음악의 신동이 아니었다. 모차르트는 최소 18년 동안의 혹독한 연습을 견뎌낸 뒤에야 우리가 아는 음악의 천재가 되었다. 요컨대 모차르트는 우리와 같은 평범한 사람이었다. 그의 천재성은 뼈를 깎는 노력으로 만들어진 값진 결과물이었다. 그런데 여기서 문제는 그 노력이 어떤 것이었는가 하는 점이다.

에릭손 교수의 기념비적인 연구를 통해 인류는 천재에 대한 막연한 편견을 버릴 수 있게 되었다. 그리고 이 연구를 시작점으로 천재에 관한 수많은 연구와 조사가 이루어졌다.

평범한 사람들이 천재로 도약하는 과정을 사회적 환경과 개인적 환경을 토대로 살펴본 책들과 나의 경험을 종합해보면, 천재가 되는 데 필요한 것은 세 가지 요소임을 알 수 있다. 에릭손 교수의 연구에서는 두 가지였는데 여기에 내가 한 가지를 더 추가했다.

내가 한 가지 사실을 더 추가한 근거는 개인적인 경험과 대니얼 코일의 주장이 좀 더 구체적이고 현실적이라고 판단했기 때문이다. (그렇다고 해서 내가 세계적인 수준의 사람이라는 말은 절대 아니다. 다만 평범했던 사람이 이만큼 자유자재로 어렵지 않게 책을 써낼 수 있는 사람으로 도약한 것은 둔재가 천재로 도약한 것만큼 놀라운 성장이라는 의미일 뿐이다. 내가 천재가 되었다거나 세계적인 수준으로 도약했다는 말은 아니니 오해 없으시길 바란다.)

위대함이나 탁월함은 절대로 타고나는 것이 아니다. 그렇다고 무조건 성실하게 열심히 한다고 되는 것도 아니다. 좋은 환경에서 교육을 받는다고 해서 모두 비범한 성과를 창출할 수 있다는 것도 아니다. 최소한 앞으로 설명할 세 가지 요소가 다 충족되어야만 한다는 사실을 강조하고 싶다.

말콤 글래드웰은 자신의 저서 《아웃라이어》에서 사회·문화적 환경이라는 측면에 집중하여 궁극적으로 연습량, 즉 시간의 중요성을 강조했다. 세계적인 수준의 바이올린 연주자와 평범한 실력을 가진 연주자의 차이를 가르는 것은 결국 연습량, 즉 연습 시간이라는 것이다.

다시 말해 최소 1만 시간을 연습하고 훈련을 해야 세계 최고 수준으로 도약할 수 있다고 한다. 나를 봐도 그 말은 정확하다. 내가 1년이나 2년 정도만 책을 읽었다면 지금처럼 책을 많이 쓸 수 있는 작가가 되지 못했을 것이다. 스포츠 선수든, 소설가든, 피아니스트든 간에 그 분야에서 탁월해지기 위해서는 하루에 3시간씩 10년 동안 연습을 해야 한다.

신경과학자 대니얼 레비틴 역시 어느 분야에서든 세계적인 수준으로 도약하기 위해서는 1만 시간의 연습이 필요하다는 연구 결과를 발표한 적이 있다.

이것이 천재가 되는 세 가지 요소 중 첫 번째 요소이다. '1만 시간의 연습량', 즉 1만 시간이 필요하다. 한국 사람들은 하루에 9시간 정도 연습할 수 있는 지독함을 가지고 있다. 그래서 1만 시간을 연습하기 위해 하루에 9시간을 투자한다면 3년이면 된다. 그래서 "서당 개 3년이면 풍월을 읊는다"는 속담이 생겼는지도 모르겠다.

하지만 앞에서 말했듯 천재로 도약하기 위해서는 반드시 세 가지 요소가 모두 충족되어야 한다. 그러므로 평생 연습을 해도 실력이 제자리인 사람들이 적지 않은 것이다.

1만 시간 이상을 연습하더라도 모두 천재가 될 수 없는 현실에 대해 적절한 답변을 제공하는 것이 두 번째 요소이다.

천재로 도약하기 위해서는 엄청난 에너지와 시간을 투자할 수 있게 해주는, 즉 재능에 불을 붙이는 점화 장치가 필요하다. 이 점화 장치는 자신에게 보내는 자기암시가 될 수도 있고, 나도 할 수 있다는 강력한 의식일 수도 있고, 자신의 분야나 코치에 대한 사랑일 수도 있다. 또한 점화 장치는 외부적인 요인에 의해 스스로 갖게 되는 강력한 동기부여일 수도 있다. 그리고 연습하는 과정을 통해 스스로 가지게 되는 열정이 될 수도 있다.

어떤 형태로 시작되었든 간에 그것은 열정이라는 모습으로 우리에게 나타난다. 그 덕분에 우리는 위대한 인물과 위대한 삶에는 반드시 '열정'이 녹아들어 있다는 사실을 쉽게 발견할 수 있는 것이다.

랠프 월도 에머슨은 "세계 역사에서 모든 위대하고 위엄 있는 순간은 열정이 승리를 거두는 순간이다"라고 말했다. 이처럼 우리는 열정을 통해 내면의 모든 에너지를 쏟을 수 있게 된다.

세 번째 요소는 어떻게 보면 세 가지 요소 중에서 가장 중요한 요소이자 천재로 도약하는 열쇠와 같은 것이다.

제프 콜빈은 자신의 저서를 통해 이 세 번째 요소를 '신중하게 계획된 연습'이라고 말했다. 그리고 《탤런트 코드》의 대니얼 코일은 표현을 바꾸어 '심층 연습'이라고 했다.

요약하자면, 천재가 되는 데 필요한 세 가지 요소는 이것이다.

① 1만 시간의 연습량
② 재능에 불을 붙이는 점화 장치
③ 신중하게 계획된 심층 연습

3년 동안의 내 독서 경험을 되돌아볼 때 이 세 가지 요소가 잘 스며들어 있었다는 사실을 알 수 있다. 그래서 평범했던 내가 1년 9개월 동안 40권의 책을 출간해내는 비범한 성과를 창출해낼 수 있었던 것이다.

그렇다면 이 세 가지 요소 중에서 쉽게 이해가 되지 않아 손에 잘 잡히지 않는 요소들에 대해 좀 더 구체적으로 살펴보자.

신중하게 계획된 심층 연습

제프 콜빈은 평범한 사람이 천재가 되는 데 가장 중요한 요소를 '신중하게 계획된 연습'이라고 했다. 한편 대니얼 코일은 이를 '심층 연습'이라고 했다. 그런데 이 두 사람이 각각 주장하는 것을 잘 따져보면 결국 비슷한 것임을 알 수 있다.

먼저 '신중하게 계획된 연습'이란 단순히 양만 늘려서 마구 연습하는 것을 의미하지 않는다. 반대로 아주 예리하게 의도된 연습을 한다는 뜻이다. 자신에 대한 성찰을 통해 자신에게 특별히 개선되어야 할 필요가 있는 부분을 날카롭게 찾아내 그 부분을 집중적으로 훈련하는 것을 말한다. 즉 위대한 성과를 거둔 사람들은 그저 연습하는 것이 아니라 신중하게 계획된 연습을 통해 더 많이 인식하고, 더 많이 배우고, 더 많이 기억하는 능력을 개발했다. 그리고 그러한 훈련을 통해 성장했다.

모차르트와 타이거 우즈를 보자. 모차르트에게는 전문적인 훈련을 시킬 수 있는 아버지가 있었다. 실제로 모차르트는 아버지로부터 신중하게 계획된 훈련을 받았다. 타이거 우즈 역시 교육자이면서 스포츠에 열정이 있었던 아버지로부터 신중하게 계획된 전문적인 훈련을 받을 수 있었다.

제프 콜빈은 '신중하게 계획된 연습'의 구체적인 예로 미국의 국부 중 한 명이자 미국 산문 문학의 거장인 벤저민 프랭클린을 소개한다.

프랭클린은 자신의 글쓰기 실력을 키우기 위해 잡지에 실린 산문을 시로 바꿔 써보는 고도로 의도된 연습을 반복했다. 그리고 자신의 구성력을 향상시키기 위해 한 문장씩만 적은 종이를 모아서 시간이 지난 뒤 재배열하는 등 고도로 조직된 방법으로 연습했다. 또한 그는 뛰어난 산문을 선택하여 읽은 후 자기가 이해한 대로 쓰고 그 글을 원래 글과 비교해가며 실수를 찾아내 고쳐 쓰기를 반복했다.

이처럼 신중하게 계획된 연습을 하려면 각 단계를 설정하고 단계별로 목표를 정해야 한다. 그렇게 하기 위해서는 그저 연습하는 것보다 훨씬 더 많은 시간이 필요하다는 사실을 간과해서는 안 된다.

이렇게 '신중하게 계획된 연습'은 한 권의 책을 쉽게 읽고 이해하고 다음 책으로 넘어가는 방식을 벗어나 있다. 한 권의 책을 읽을 때 시간이 걸리더라도 반드시 핵심을 뽑아내 요약하고, 자기 생각과 저자의 생각을 비교하여 통합하고 나름대로 해석한 후 다시 그것이 제대로 익힌 것인지에 대해 검증해보는 과정을 수도 없이 반복해나갔던 나의 도서관 생활 3년과 닮았다고 할 수 있다.

'심층 연습'이란 무엇일까? 심층 연습은 어떻게 보면 바보같이 보인다. 그리고 시간을 많이 낭비하는 것처럼도 보인다. 그래서 역설을 바탕으로 한다.

심층 연습은 바보 같아 보일 만큼 말도 안 되는 실수를 수없이 허용하고 반복하고 또 반복한다. 그래서 무엇인가를 빨리 해치우는 게 아니라 교정하고 좀 더 제대로 하는 데 그 목적을 둔다. 바보처럼 끈질기게 물고 늘어진다. 그렇게 끈질기게 늘어질수록 더 많이 향상되고, 더 많이 배우게 되고, 더 많이 도약하게 된다. 이것은 일반적인 생각과는 다르기에 역설의 과정이다.

약간 다르게 표현하자면, 속도를 늦추더라도 실수를 하면서 그 실수를 교정하는 의도적인 과정을 되풀이하는 것이다. 이런 과정을 거치면 결국 본인도 깨닫지 못하는 사이에 점점 더 민첩하고 우아한 스킬을 습득하게 된다. 이것이 대니얼 코일이 말하는 심층 연습이다.

심층 연습의 특징은 시간이 걸린다는 것, 한 번을 연습해도 제대로 한다는 것, 자신이 원하는 목적을 달성하기 위해 의도적으로 그 과정을 반복한다는 것이다. 그러므로 기꺼이 인내해야 하고 실패나 실수를 더 많이 해서 더욱 완벽하게 만들어야 한다.

나의 독서 과정도 대니얼 코일이 말한 심층 연습과 크게 다르지 않았다. 나는 책 한 권을 빨리 읽는 데 관심을 두지 않았다. 시간이 좀 걸리더라도 노트에 중요한 사실과 핵심 내용을 쓰고 여기에 내 생각을 통합하여 종합했다. 그리고 좀 더 나은 견해를 뽑아내기 위해 그 과정을 수도 없이 반복했다. 끊임없이 반복해서 읽고 썼던 것이다.

똑같이 노력하고 똑같이 책을 읽어도 천재와 범인이 나뉘고, 인생의 변화 여부 또한 갈린다. 그 이유는 바로 심층 연습의 차이에 있다.

실수나 실패를 수없이 반복하며 거북이처럼 한 단계씩 성장하는 사람들을 비웃는 '똑똑한' 사람들은 자신의 꾀에 자신이 걸려 넘어지게 된다. 이런 사람들은 절대로 큰 도약을 할 수 없다. 심층 연습은 어떻게 보면 실수나 실패를 수없이 반복하며 시간이 오래 걸려도 우직하게 거북이처럼 한 걸음씩 앞으로 나아가는 사람들의 특징이기도 하다. 그런데 놀라운 사실은 이런 사람들이 처음에는 시간이 오래 걸리고 다소 둔해 보이지만 어느 지점을 통과하면서부터는 보통 사람들이나 약삭빠른 사람들이 도저히 범접할 수 없는 엄청난 도약을 하게 된다는 점이다.

그 좋은 사례로 영국 문학 사상 가장 위대한 업적으로 손꼽히는 작품들을 탄생시킨 브론테 자매를 들 수 있다. 자매 모두가 탁월한 작품을 남긴 작가라는 점에서 그녀들이 글쓰기 재능을 타고났다고 여길 수 있지만, 그것은 오판이다.

그녀들은 실수나 실패를 두려워하지 않았다. 타인의 혹독한 비평도 그녀들의 심층 연습을 막지 못했다. 그녀들은 미숙함과 엉성함을 극복하며 거북이처럼 쓰고 또 쓰면서 자신들의 글쓰기를 반복하고 또 반복했다.

그녀들은 다양한 형태로 짧은 시간에 많은 책을 썼다. 그리고 그러한 글쓰기는 그녀들의 능력을 도약시키기 위한 충분한 훈련이 되었다. 실패작으로 분류되는 수백 편의 작품을 쓰면서 그녀들의 글쓰기 역량은 소리 없이 조금씩 향상되었다. 그리고 그것이 어느 지점에 도달해 폭발하자 세계 문학사에 길이 남을 위대한 작품《폭풍의 언덕》이 탄생하게 되었다.

독서법을 놓고 종합해보면, 신중하게 계획된 심층 연습에는 몇 가지 요소가 포함되어야 한다. 첫 번째는 자신의 한계를 초월하는 훈련이다. 쉽게 빨리 읽고 이해하는 독서에는 절대로 이런 요소가 포함되지 않는다. 하지만 핵심을 뽑아내고 그것을 자신의 견해와 종합하여 요약하는 것을 반복하는 독서에는 이런 요소가 들어가 있다.

두 번째는 자신의 훈련에 대해 검증과 피드백을 거치는 것이다. 그럼에도 실패나 실수에 관대해야 한다. 그 이유는 항상 자신의 한계치에 가까운 부분에서 연습하므로 실패나 실수가 많은 게 당연하기 때문이다.

세 번째는 무한 반복이다. 무한 반복을 하면 시간이 더 많이 걸리고 우둔해 보일 수밖에 없다. 하지만 이런 과정을 통해 우리의 뇌 네트워크는 강화되고 점점 천재의 뇌로 바뀐다.

'신중하게 계획된 심층 연습'이 가진 세 가지 요소는 다음과 같이 정리해볼 수 있다.

① 한계를 넘는 훈련과 연습이 필요하다(그래서 실수나 실패가 필연적으로 많이 생긴다).
② 자신의 훈련에 대해 검증하고 교정한다. 한 번을 해도 제대로 하는 데 집중한다(그래서 시간이 아주 많이 걸리고, 얼핏 보면 어리석은 행동처럼 보일 수 있다).
③ 그 과정을 무한 반복한다(그래서 시간이 많이 걸린다).

재미있는 사실은, 내가 알게 모르게 했던 3년 동안의 독서법에 이 세 가지 요소가 기가 막힐 정도로 잘 배합되어 녹아 있다는 것이다.

재능에 불을 붙이는 점화 장치

재능에 불을 붙이는 점화 장치는 의식과 마음, 생각과 관련된 부분이라고 할 수 있다. 똑같은 능력을 지닌 두 사람이 똑같은 일을 하더라도 마음 상태와 생각에 따라서 결과가 달라질 수 있다.

천재로 도약하기 위해서는 어마어마한 에너지가 필요하다. 나는 그 에너지가 천재들만이 가진 뇌 신경회로를 형성하는 데 필요한 것이라고 생각한다.

사실 나는 1시간 정도 독서를 하면 손이 떨릴 정도로 기진맥진해진다. 그만큼 많은 에너지를 소모해버린다. 즉 나는 엄청난 에너지를 소비하면서 책을 읽는다. 그래서 나는 책을 읽을 때 항상 사탕을 곁에 둬야 한다. 실제로 사탕 한 통을 한두 시간에 다 먹어치운다. 독서를 할 때마다 내 몸이 당분을 필요로 한다는 것을 알게 된 후부터 항상 사탕을 몇 통씩 사 가지고 다닌다.

재능에 불을 붙이는 점화 장치는 한 가지가 아니다. 우리에게 동기 부여를 해주는 사랑, 자기암시, 강한 의식, 타인의 탁월함으로 인해 생기는 자극, 용기, 자신감 등이 모두 그것이라고 할 수 있다.

> 전심(全心)하지 못하는 사람과 무슨 일에도 골몰하지 못하는 사람은 보아도 보지 못하는 사람이며 들어도 듣지 못하는 사람이며 먹어도 맛을 모르는 사람이다.

공자의 이 말처럼 점화 장치는 전심하게 하여 온몸이 집중할 수 있게 해주는 것이라고 할 수 있다. 즉 점화 장치는 동기를 부여하는 연료라고 할 수 있다. 그래서 점화 장치는 마음과 심리 상태, 의식 등과 관련되어 있다.

한국 여성 골퍼들이 세계 골프 대회에서 탁월한 성과를 일구는 데에는 탁월한 점화 장치가 존재했다. 바로 1998년 한국 여성 최초로 LPGA 챔피언십에서 우승한 박세리 선수이다.

같은 한국 여성이 세계 대회에서 1등을 하는 것을 보고 다른 많은 한국의 여성 골퍼들이 큰 자극과 용기를 얻었다. 바로 이것이 점화 장치 효과를 만들어냈다. 그 결과 한국 여자 선수들 45명이 LPGA 투어 우승컵의 3분의 1을 싹쓸이해버렸다.

강력한 자기암시와 '나는 할 수 있다' 같은 의식은 사람을 변화시키는 힘을 가지고 있다. '책과 나는 하나다' '나는 책을 읽는 것이 세상에서 가장 행복하고 좋다' 같은 의식과 생각은 책의 고수들이 가지고 있는 일반적인 마음가짐이다. 이런 생각들은 그 어떤 스킬보다도 더 강력한 힘을 발휘한다. 이런 생각이 독서 고수가 될 수 있도록 해준 강력한 점화 장치였다.

재능에 불을 붙이는 점화 장치 중에 빼놓을 수 없는 것은 대상에 대한 사랑과 열정이다. 그 분야의 천재가 되기 위해서는 말 그대로 엄청난 노력과 시간과 에너지를 쏟아부어야만 한다. 이것이 가장 기본적인 조건이다. 그런데 그 분야에 남다른 애정과 열정이 없는 사람들은 절대로 그러한 엄청난 노력과 시간과 에너지를 쏟아부을 수 없다. 그래서 열정 없이 이루어진 위대한 일을 이 세상에서 찾아보기 어려운 것이다. 성공한 사람들 모두 하나같이 뜨거운 가슴, 뜨거운 열정을 가지고 있는 이유가 바로 여기에 있다.

인간의 능력을 극대화하는 세 가지 의식

점화 장치와 같은 맥락으로 인간의 능력을 극대화시키는 세 가지 의식이 있다. 자부심, 기대감, 상상력이 바로 그것이다. 앞에서 살펴본 강한 자기암시는 엄청난 효과가 있다. 긍정적인 마인드 역시 효과가 크다.

하지만 좀 더 구체적으로 보면, 자신이 남과 다르다는 자부심과 탁월함을 추구하는 기대감, 자신이 최고라는 사고력과 상상력이 훨씬 더 자신의 능력을 극대화할 수 있게 해준다는 것을 알 수 있다.

유대인은 세계 인구의 0.2퍼센트에 불과하다. 1000만~1500만 명의 인구로 추정된다. 우리나라 인구의 5분의 1보다 약간 더 많은 수준이라고 보면 된다. 그런데 역대 노벨상 수상자 중 22퍼센트가 유대인이다. 이것을 상대적 인구 비율로 따진다면, 유대인들이 노벨상을 거의 다 휩쓸고 있다고 해도 과언이 아니다.

미국 최고 명문을 자랑하는 아이비리그 대학들의 학생 분포를 보면 유대인이 거의 25~30퍼센트를 차지한다. 또한 2009년 〈포브스〉 조사에 따르면 미국 400대 부호 중 35퍼센트가 유대인들이라고 한다.

그렇다면 유대인이 이렇게 세계 최고의 민족이 된 이유는 무엇일까? 유대인들은 절대 공부를 강요하지 않는다. 그리고 반드시 하루에 한 끼는 온 식구가 모여 대화를 나누면서 식사를 한다. 안식일 가족 모임도 빼먹지 않는다. 이처럼 유대인은 그야말로 가장 가족적인 삶을 살아가고 있는 민족이다.

유대인이 이렇게 위대한 성과를 창출하는 최고의 민족이 될 수 있었던 것은 절대로 IQ 때문이 아니다. 국가별·국민별 평균 IQ를 보면 유대인들은 평균 수준인 97에 불과하다. 오히려 한국, 일본, 중국, 북한, 홍콩이 최고 수준인 104~106이다.

유대인으로 하여금 위대한 성과를 창출할 수 있게 해준 바탕에는 자신들은 다른 민족과 다르다는 선민(選民)사상이 자리 잡고 있다. 거기에다 노벨상 수상자 같은 위대한 인물들을 자연스럽게 접할 수 있는 환경적인 요인도 작용한다. 그들의 자부심은 높아질 수밖에 없는 상황이다.

과거 한국 축구 선수들이 세계무대에 나가 위대한 성과를 창출해내지 못했던 이유는 단 한 명도 세계무대에 진출해서 성공한 적이 없었기 때문이다. 하지만 박지성 선수가 세계무대에 진출하여 성공하자 한국 축구 선수들은 알게 모르게 자부심과 용기를 얻게 되었다. 여기서 중요한 것은 그전에는 가지지 못했던 새로운 의식을 가지게 되었다는 점이다.

자기와 똑같은 한국 선수가 저렇게 해낼 수 있다는 사실을 인식함으로써 새로운 자부심과 함께 나도 해낼 수 있다는 강력한 의식이 생겼다. 그리고 그것이 정신적으로 큰 힘을 발휘하게 되는 것이다.

당신의 친척이나 이웃 중에 노벨상을 받은 사람이 있다면 당신은 어릴 때부터 노벨상에 대한 심리적 문턱을 낮출 수 있다. 그러면 당신은 알게 모르게 노벨상을 받을 확률이 높아진다.

이처럼 유대인의 선민사상과 비범한 성과는 유대인들에게 다른 민족들이 가질 수 없는 자부심을 주기에 충분했다.

《자부심의 심리학(Psychology of Self-Esteem)》의 저자인 나다니엘 브랜든은 자부심이 강하고 높을수록 생산성이 향상된다는 연구 결과를 내놓았다.

그리고 현대 경영학의 창시자 피터 드러커는 《피터 드러커의 자기경영노트》에서 "조금밖에 바라지 않으면 성장도 없다. 많은 것을 추구하면 같은 노력으로 거인으로 성장할 수 있다"고 말한 적이 있다. 그는 《보이지 않는 혁명(The Unseen Revolution)》이란 책에서도 "스스로 성장해나가기 위해 가장 우선시해야 하는 것은 탁월함을 추구하는 일이다. 여기서 자신감이 생겨난다"고 말했다.

1968년 하버드 대학교 사회심리학과 교수 로버트 로젠탈은 누군가에게 기대감과 관심을 보여줄 때, 그 사람은 기대와 관심에 부응하기 위해 능력과 성과를 향상시킨다는 '로젠탈 효과(Rosenthal Effect, 다른 말로 '피그말리온 효과'라고도 한다)'를 주창했다.

실제로 미국의 한 초등학교 교장이었던 레노어 제이콥슨은 전교생에게 지능검사를 한 후 검사 결과와 무관하게 20퍼센트의 학생을 무작위로 선발했다. 그리고 이 학생들은 지적 능력과 학업 성취 향상 가능성이 매우 높은 학생들이라고 칭찬하며 그 명단을 교사들에게 배포했다. 8개월이 지난 후 이들의 학업 성취도는 다른 학생들보다 훨씬 높게 나왔다.

그런데 이러한 로젠탈 효과는 결국 자기 자신에 대한 기대, 자기암시와 같은 원리라고 생각할 수 있다.

프랑스의 약사이자 심리치료사였던 에밀 쿠에는 '나는 날마다 모든 면에서 점점 더 좋아지고 있다'는 것을 의심하지 않고 상상하면 실제로 상상한 그대로 이루어진다고 주장했다. 자기암시가 되는 말들을 상상하면 그것이 무의식에 각인되어 뇌에 명령을 내리고 뇌는 그 명령에 따름으로써 삶의 모든 것을 움직인다는 것이다.

위와 같은 수많은 연구를 통해 이제는 긍정적인 상상력과 자기암시가 실제로 효과가 있다는 사실을 아무도 부인하지 않게 되었다.

긍정적인 자기암시는 극적으로 자신을 변화시킬 수 있는 힘을 가지고 있다. 그 이유는 상상력과 사고력, 즉 생각은 가장 강력한 힘을 가진 그 무엇이기 때문이다. 우리는 상상만으로 실제 근육이 늘어나고 실력이 향상된다는 사실을 잘 알고 있다. 즉 당신이 어떤 생각을 하느냐가 당신을 전혀 다른 사람으로 바꿀 수는 없지만, 당신이 하는 일의 결과는 완전히 바꿀 수 있다. 그리고 그것은 궁극적으로 당신의 인생을 바꾸고, 나아가 당신 자체도 바꿀 수 있는 것이다.

알래스카 대학교의 테리 마하니 교수는 성적 부진으로 고생하고 있는 낙제생들에게 '수학과 나는 하나다'라는 생각을 심어주었다. 그러자 낙제생들이 모두 A학점으로 도약하는 결과가 나왔다.

심리학자 개리 맥퍼슨은 학생들을 세 그룹으로 나누어 영어 공부를 시켰다. 그러면서 첫 번째 그룹에게는 1년만 공부할 것을 암시했고, 두 번째 그룹에게는 졸업할 때까지만, 세 번째 그룹에게는 평생 할 것을 암시했다. 1년 후 이들 그룹 사이에는 성적 차이가 명백하게 드러났다. 평생 공부할 것이라고 생각한 그룹은 1년만 할 것이라 생각한 그룹보다 4배 더 좋은 성적을 냈다.

조셉 머피는 《잠재의식의 힘(The Power of Your Subconscious Mind)》에서 이러한 의식의 중요성에 대해 거듭 강조하고 있다. 결코 인간은 의식에서 벗어날 수 없다. 그러므로 의식과 친해져야 한다.

독서의 신이 되는 세 가지 조건

천재와 인간의 재능에 대해 파헤친 세 권의 책을 종합해보면 천재를 만드는 공식을 도출할 수 있다.

천재

= 1만 시간의 연습량 + 신중하게 계획된 심층 연습 + 재능에 불을 붙이는 점화

그런데 독서 능력 역시 하나의 재능이라고 볼 수 있다. 그러므로 독서의 고수, 독서의 신이 되기 위해서도 이 세 가지 요소가 다 필요하다. 그런데 나는 생각만 한 게 아니라 이 세 요소에 의해 실제로 놀라운 독서 체험을 했던 사람이기에 자신 있게 말할 수 있다.

독서의 신이 되기 위해서는 먼저 최소한 1만 시간의 독서량이 있어야 한다. 이것은 어떻게 보면 너무나 당연한 이야기다. 하지만 1만 시간의 독서량이 있는 사람이라고 해서 무조건 독서의 고수가 될 수는 없다.

두 번째와 세 번째 요소가 더 중요하기 때문이다. 독서의 신이 되기 위한 두 번째 요소는 자신의 능력을 극대화할 수 있는 올바른 독서법이다. 일반인들이 가장 발견하기 어렵고 얻기 힘든 것이 바로 올바른 독서법이다. 그러나 위대한 인물들은 모두 위대한 독서법을 가지고 있었다.

세 번째 요소는 눈에 보이지 않지만 위력이 큰 요소이다. 바로 재능에 불을 붙이는 점화 장치인데 이것은 우리의 마음과 의식이다.

나는 11년 동안 잘 다니던 직장을 하루아침에 그만두고 나왔다. 그 이유는 무엇일까? 대기업이라는 안정된 직장이 너무나 가치 없는 것으로 보였기 때문이다. 그리고 반대로 돈도 되지 않고 먹고사는 데 하나도 보탬이 되지 않을 것 같은 책이 세상에서 가장 위대한 것으로 보였다.

이런 직관에 이끌린 나는 돈 한 푼 벌지 못하고 엄청난 기회비용은 물론 사회적 성공과 부와 지위까지 다 포기하면서까지 평생 책만 읽고 싶었다. 그래서 '책과 나는 하나'라는 의식을 가졌다. 책을 읽는 그 순간은 비록 생활고에 시달리더라도 가장 행복했고 즐거웠다. 이 세상에서 책을 가장 사랑했다. 그렇게 사랑한 만큼 독서에 엄청난 시간과 에너지를 쏟아부을 수 있었다. 그러한 의식과 자세로 책을 읽자 독서하는 능력에 불이 붙는 점화가 일어났던 것이다.

여기서 위 세 가지 요소를 토대로 독서의 신이 되는 공식을 정리해 보자.

독서의 신
= 1만 시간의 독서 시간 + 능력을 극대화할 수 있는 올바른 독서법 + 독서의 고수로 폭발하게 하는 점화 장치

초의식 독서법이 탄생하다!

3년 동안의 독서 체험과 그 후 2년간의 집필 경험은 한마디로 놀라운 것이었다. 그것은 머리가 굉장히 좋은 사람이 하버드 대학교에 입학하여 박사가 되고 종신 교수가 되는 것보다 더 놀라운 일이었다. 처음부터 머리가 좋았던 사람들이 남들과 비슷하거나 더 많은 노력을 통해 남들보다 더 뛰어난 성과를 창출하고 성공을 일구어낸 것보다 처음부터 평범했던 사람이 남들과 비슷한 노력을 통해 남들은 하기 힘든 성과(1년 9개월 동안 40권의 책이 출간된 것)를 만들어내는 것이 훨씬 더 드물기 때문이다.

남들이 경험하기 힘든 지난 5년 동안의 놀라운 체험을 통해 적지 않

은 책들이 출간되었고 독자들에게 읽혔다. 그리고 독서법 강의 요청이 자주 들어왔고, 그 강의를 하기 위해 강의안을 준비하는 과정에서 '김병완의 초의식 독서법'이 탄생했다.

강의를 준비하면서 내가 가장 신경을 쓴 부분은 평범한 사람이 어떻게 해서 책을 그렇게 빨리 많이 쓸 수 있게 되었나 하는 점이었다. 독서법 강의 초기에는 그저 3년 동안의 도서관에서의 독서 경험과 1년 동안의 집필 경험을 이야기하는 것만으로도 충분했다. 청중들은 그 강의만으로도 놀라워했고 감동을 받았다. 하지만 수개월이 지나자 더는 놀라워하지 않기 시작했다. 그런 경험담은 이제 책이나 방송을 통해 어느 정도 아는 이야기가 되어버렸기 때문이다.

그래서 좀 더 구체적인 독서법이 필요했다. 나는 구체적인 자료와 근거를 수집하고 독서법에 관한 여러 책을 탐독하기 시작했다. 그러던 중에 나의 독서 체험을 잘 설명해줄 수 있는 독서법 두 가지를 발견하게 되었다. 하나는 초서 독서법이고 다른 하나는 의식 독서법이다.

인류 역사상 위대한 독서 고수들은 적지 않았고 그들의 독서법은 각양각색이었다. 그중에서 나의 독서법 특징을 가장 잘 설명해주면서 또한 나의 독서법과 유사한 몇 사람의 독서 고수들을 간추릴 수 있었다.

대표적인 인물이 세종대왕, 정조대왕, 다산 정약용, 마오쩌둥 등이었다. 이들로부터는 특히 '초서 독서법'에 대한 확고한 근거를 얻게 되었다. 그리고 다른 조선 시대 선비들로부터 의식을 집중해서 독서하는

'의식 독서법'에 대해 알게 되었다.

'초의식 독서법'이라고 이야기하면 많은 사람이 '의식을 초월한다'는 의미의 '초(超)의식 독서법'으로 오해하는 경우가 많았다. 하지만 내가 이야기하는 초의식 독서법의 '초'는 다산 선생이 사용했던 초서법의 '초'이다. 즉 '가려 뽑다, 베끼다'는 뜻의 '초(抄)' 자이다.

'초록(抄錄)'이라는 말에도 이 글자를 사용한다. 그래서 나는 초서(抄書) 독서법과 의식(意識) 독서법을 합하여 '초의식(抄意識) 독서법'이라고 명명하게 되었다.

'김병완의 초의식 독서법'은 처음부터 내가 만들고자 했던 것이 아니다. 강의 준비를 위해 나의 독서 경험을 토대로 효과적인 독서법을 찾는 과정에서 발견한 것이다. 나는 우리 선조와 독서 고수들이 이미 실천하여 효과를 입증한 여러 독서법 중 나처럼 평범한 능력을 지닌 사람이 독학하여 익힐 수 있는 독서법을 찾았다. 그중에서도 내가 운 좋게도 활용하게 되었던 독서법과 가장 가까운 독서법을 찾고자 했다. 그렇게 해서 발견한 독서법을 통합적으로 그리고 현대식으로 재정리하고 체계화시킨 것이 바로 '김병완의 초의식 독서법'이다. 그리고 이 독서법은 누구나 쉽게 독서의 방법을 배우고 실천할 수 있도록 구체적인 방법을 알려주는 데 최대한 중점을 두었다.

초의식 독서법의 다양한 근거들

앞에서 말했듯 초의식 독서법의 기본은 초서 독서법과 내가 처음으로 명명한 의식 독서법이다. 초서 독서법을 가장 잘 활용했던 사람이 바로 다산 정약용 선생이다.

다산 선생은 초서 독서법을 통해 18년이라는 기간 동안 무려 500여 권의 책을 집필할 수 있었다. 그는 초서 독서법을 통해 방대한 지식을 집대성하고 다양한 분야의 전문가가 되어 해당 분야에 대한 저술 활동을 해낼 수 있었던 것이다.

다산 선생은 그 효과를 잘 알고 있었기에 자녀들에게 끊임없이 초서 독서법에 대해 강조했다. 초서 독서법은 손으로 기록하는 것과 기록하기 위해 먼저 뜻을 세우고 사리 분별하고 취사선택하고 요약하는 과정, 즉 생각하는 것으로 크게 나눌 수 있다.

초서 독서법에 대해서는 다음 장에서 좀 더 깊이 살펴볼 것이다. 그 전에 손을 사용한 독서법, 즉 필기하고 초록하고 기록하는 것을 중요하게 여긴 독서의 고수들이 많음을 기억해두자. 세종대왕, 정조대왕, 마오쩌둥 등이 대표적인 인물이다. 이들이 모두 필기하고 기록하는 독서를 중요시했던 독서의 신들이다.

한편 의식 독서법은 우리 선조들이 엄청난 에너지를 소모하며 책을 읽었다는 사실을 통해 나오게 되었다. 나는 독서 고수인 조선 선비들이 눈에서 광채가 나고 책이 뚫어질 정도로 읽었다는 사실을 발견하게 된 것이다.

　율곡 이이의 《격몽요결(擊蒙要訣)》, 담헌 홍대용의 《여매헌서(與梅軒書)》 등을 보면 의식을 집중해야 독서를 제대로 할 수 있다는 표현이 나온다. 그뿐만 아니라 서방 교회 4대 교부 중 한 사람이자 성(聖) 아우구스티누스의 스승이었던 암브로시우스가 독서하는 모습을 묘사한 것을 보면 온몸과 마음과 의식까지 다 쏟아부어 책장을 뚫어버릴 듯한 무서운 기세였다고 한다. 이러한 기록들을 보면서 혼신을 다해 책을 읽어야만 잘 읽을 수 있다는 사실을 새삼 깨닫게 되었다.

　그리고 의식 독서법의 중요한 근거 중 하나는 전 세계 30만 명 이상의 사람들이 사용하는 포토 리딩법과 영국과 독일 등에서 열풍이 불었던 그뤼닝 학습법이다.

　IBM, 애플, 3M, AT&T 등에서 직원들의 독서법 교육을 위해 사용한 폴 쉴리의 포토 리딩법을 보면 의식을 집중하는 단계가 가장 중요한 첫 번째 독서 과정으로 소개된다. 그래서 폴 쉴리는 '귤 독서 기법'을 통해 독서하기 전에 항상 의식을 후두부에 집중하는 훈련을 강조했다.

　또한 독일과 유럽에서 학습 돌풍을 일으켰던 그뤼닝 학습법의 창안자인 크리스티안 그뤼닝은 효과적인 독서를 할 수 있는 독서 고수들은 모두 후두부에 확고한 의식 집중 상태를 유지할 수 있는 사람들이라는 사실을 입증해주었다. 여기에 대해서는 이후 의식 독서법을 다룬 장에서 더욱더 구체적으로 이야기해보겠다.

| 5장 |

김병완의 초의식 독서법 3

초서 독서법

가장 싼값으로 가장 오랫동안 즐거움을 누릴 수 있는 것,
바로 책이다.
_미셸 몽테뉴

읽기는 쓰기의 기초이며 쓰기는 읽기의 연장이다.
읽기와 쓰기는 본래 하나이며 서로 보완하는 개념이다.
양쪽 모두 균형 있게 공부해야 좋은 성과를 거둘 수 있다.
_마크 트웨인

초서법의 본질은 '이의역지'

내가 초서법을 강조하면 많은 사람이 하는 말이 있다. "초서법은 단순히 중요한 대목을 베껴 쓰는 독서법이 아닌가요? 그런데 그것이 어떻게 중요한 독서법이 될 수 있나요?"

이런 질문은 수박의 겉만 맛보고 나서 뭐 이렇게 맛없는 과일이 있느냐고 반문하는 것과 마찬가지다. 초서법은 단순히 베껴 쓰는 게 전부가 아니다. 진짜 초서법은 2000년도 더 전에 맹자가 말한 '내 뜻으로 저자의 뜻을 거슬러 구해본다'는 의미의 '이의역지(以意逆志)'를 실천하는 독서법이다.

초서법의 본질은 이의역지 독서법의 본질과 다르지 않다. 다만 초서법은 구체적으로 붓을 사용하여 필기하는 것을 덧붙여 강조할 뿐이다. 그런데 많은 사람이 붓을 사용하여 필기하는 데에만 관심을 둠으로써 초서법에 대해 오해하곤 한다.

다산이 자녀들에게 초서를 권했을 때, 그 자녀들 역시 초서를 별것 아닌 것으로 성급하게 간주해버리고 소홀히 여겼던 적이 있다. 다산은 이런 자녀들에게 크게 화를 내면서 초서법의 중요성을 재차 강조했다.

조선 영조 때의 실학자 담헌 홍대용이 독서의 비결로 삼은 방법이 바로 '이의역지'다. 이것은 자신의 뜻을 토대로 하여 작가의 뜻을 거슬러 구해보고 이 두 가지를 종합하여 더 높은 뜻을 발견하는 것이다.

무조건 작가의 뜻을 수용하는 우를 범하지 않고 그렇다고 자기 뜻만 옳다고 내세우는 실수를 범하지 않으면서, 기존의 자기 뜻에 작가의 뜻을 더하여 좀 더 높은 뜻을 새롭게 세우는 것이 바로 초서법의 본질이며 이의역지 독서법의 정수이다.

옛 선조들이 실천한 독서법이 한두 가지만 있는 게 아니다. 수많은 학자가 있기에 자신에게 맞는 독서법을 자기 나름대로 구축하고 평생 향상시켜나갔던 독서의 고수들 또한 한두 명이 아니었다.

선조들의 독서법 중 가장 잘 알려진 것 중에는 글을 반복해서 소리 내어 읽으면 문리(文理)가 '탁' 소리를 내며 터진다는 '인성구기(因聲求氣) 독서법'이 있다. 소리를 내서 읽으면 기가 생기고 통하게 된다는 뜻이다. 사극 드라마나 영화 등에서 《천자문》 같은 글을 읽는 장면을 연상하면 된다. "하늘 천 땅 지……" 하며 소리를 내서 읽는 아이들의 모습이 떠오를 것이다. 인성구기는 이처럼 가장 권장되던 독서법 중 하나였다.

이는 가장 많은 사람들이 사용했던 독서법이었다. 그러나 위대한 인물로 도약한 사람들을 살펴보면 이런 독서법이 아닌 남다른 독서법을 고수해 왔음을 알 수 있다.

우리 선조 중에서 가장 많은 책을 저술한 두 사람인 다산 정약용과 혜강 최한기의 독서법, 그리고 교육도 제대로 받지 못한 가난한 농부의 아들이었음에도 신중국을 건국한 중국의 국부 마오쩌둥의 독서법을 살펴보면 독서 습관이나 독서의 양보다 더 중요한 것이 효과적인 독서법이라는 사실을 알 수 있을 것이다.

초서법은 독서의 '신중하게 계획된 심층 연습'이다

나는 앞 장에서 평범한 사람이 어느 순간 천재로 도약해 비범한 성과를 창출하기 위해서는 세 가지 조건을 충족시켜야 한다고 이야기했다.

그런데 그중에서 방법론에 가까운 게 바로 '신중하게 계획된 연습' 혹은 '심층 연습'이다. 이 둘은 각각 다른 두 명의 전문가가 주장한 것이지만 그 본질은 비슷하다. 제프 콜빈이 말하는 '신중하게 계획된 연습'에 대해 다시 한번 정리하면 이렇다.

① 한계를 넘는 훈련과 연습이 필요하다(그래서 실수나 실패가 필연적으로 많이 생긴다).

② 자신의 훈련에 대해 검증하고 교정한다. 한 번을 해도 제대로 하는 데 집중한다(그래서 시간이 아주 많이 걸리고, 얼핏 보면 어리석은 행동처럼 보일 수 있다).
③ 그 과정을 무한 반복한다(그래서 시간이 많이 걸린다).

대니얼 코일이 말한 '심층 연습'을 정리하면 이렇다.

속도를 늦추고 하나를 하더라도, 한 번을 하더라도 미세한 부분까지 제대로 하고자 노력한다. 동시에 그 어떤 실패나 실수도 허용하는 대신 그 실수를 교정하는 의도적인 과정을 되풀이하는 연습이다.

신중하게 계획된 연습과 심층 연습의 가장 큰 특징은 절대 연습을 대충 해서는 안 된다는 것과 그 연습은 아주 힘들고 지난한 과정이라는 점이다. 즉 1시간을 연습해도 다른 사람이 10시간 연습한 것보다 더 많은 에너지가 필요하다는 뜻이다. 고통스럽지만 자신을 넘어서야 하는, 그런 한계에 대한 도전이라는 의미가 담겨 있다. 그러므로 정교한 노력이 필요하다. 시간도 걸린다. 그리고 의도적으로 자신이 원하는 목적을 달성하기 위해 그 과정을 무한 반복해야 한다.

독서라는 측면에서 생각해볼 때, 초서법은 눈으로 빨리 읽는 속독법이나 일반 독서에 비해 엄청난 시간과 노력이 필요한 독서의 '심층 연습'이다. 그뿐만 아니라 자신의 한계에 대한 도전과 극복, 그리고 개선과 무한 반복이라는 요소를 모두 가지고 있는 독서의 '신중하게 계획된 연습'이다.

초서법은 단순히 베껴 쓰는 독서법 혹은 필기하는 독서법이 아니다. 뒷부분에서 더 자세하게 설명하겠지만, 초서법으로 독서를 하면 한 권을 읽더라도 책을 쓰기 위해 생각하고 연구하고 종합하는 훈련 과정을 다 해내야 한다. 따라서 한 권의 책을 읽어도 엄청난 노력과 에너지가 필요하고 한계 극복이라는 상황과도 맞닥뜨려야 한다.

만약 내가 3년 동안 이런 힘들고 어려운 독서법으로 무한 반복하면서 책을 읽지 않았다면, 그래서 일반적인 독서법(눈으로 읽고 이해하고 수용하는 독서법)으로만 책을 읽었다면 지금 나는 단 한 권의 책도 쓰지 못했을 것이다.

제프 콜빈이 말한 것처럼 평범하고 쉽고 편한 연습은 아무런 도움도 주지 못한다. 독서의 측면에서 볼 때도 이 말은 그대로 적용된다. 쉽고 편한 독서, 속도만 빠른 독서, 정보와 지식만 습득하는 이해와 수용 중심의 독서는 절대로 사람을 성장시키지 못한다.

반대로 시간이 걸리더라도 바보처럼 우둔하게 하나하나 곱씹어보면서 책의 내용과 자신의 견해를 겨루어 취사선택하고 종합하여 새로운 하나의 견해를 탄생시키려는 제대로 된 초서 과정은 책을 한 권 집필하거나 논문을 한 편 쓰는 것의 '약식 과정'과 같다. 그러므로 매일 자신을 넘어서는 한계 도전과 극복의 과정을 거쳐야만 한다.

붓을 들지 않는 독서는 독서가 아니다

중국을 건국한 마오쩌둥은 수준 높은 교육을 받았던 인물이 아니다. 최소한의 읽고 쓰기, 주판 사용법 이상의 정규 교육을 받지 않았다. 대신 그는 자신에게 주어진 여러 허드렛일을 빨리 끝낸 후 독서에만 몰두했던 독서광이었다.

마오쩌둥은 어렸을 때부터 험한 농사일을 하면서도 논밭에서 책과 함께 자란 인물이다. 독서에 대한 애착이 강했던 마오쩌둥은 자주 아버지에게 야단을 맞았다. 아버지의 눈에는 마오쩌둥이 시킨 일은 대충하고 책만 보는 아이로 비쳤기 때문이다.

하루는 아버지가 마오쩌둥에게 거름을 열다섯 번 나르라고 지시했다. 보통 사람이라면 온종일 해야 할 만큼의 양이었다. 그런데 마오쩌둥은 반나절 만에 거름을 열다섯 번 다 나르고, 나머지 반나절 동안은 책에 파묻혔다.

이런 사실을 몰랐던 아버지는 그가 일을 등한시하고 오직 책만 읽는 것이라 생각하고 호통을 치기도 했다. 그의 아버지는 자기 아들이 왜 이렇게 종일 쓸데없는 책만 읽는지 매우 답답해했다.

마오쩌둥의 아버지는 자식이 쓸데없이 책 읽는 데 시간을 낭비하는 대신 학교 공부를 더 하거나 상업학교에 진학해서 변호사나 관리가 되었으면 더 좋을 거라며 한탄하곤 했다.

하지만 그런 사람이 13억 중국인의 정신적 지주가 되었고, 신중국을 건국한 국부가 되었다. 세계적인 지도자 중에서도 독서를 많이 했던 인물로 손꼽히는 이가 바로 마오쩌둥이다. 그는 산책을 나갈 때도 손에 책을 들고 있었고, 들판에서 힘든 농사일을 할 때도 틈만 나면 책을 읽었다. 심지어 그는 생을 마감하는 마지막 응급 상황에서도 책을 읽었다고 한다.

그런데 그 당시 중국에는 마오쩌둥만큼이나 책을 사랑하고 많이 읽는 이가 수천 명은 더 되었을 것이다. 하지만 어떻게 해서 그중 마오쩌둥만이 신중국의 국부가 되었던 것일까? 나는 그 비결이 그의 남다른 독서 방법에 있다고 생각한다.

그의 독서법은 다른 방법들보다 더 심층적인 연습을 할 수 있게 해 주었다. 마오쩌둥은 '삼복사온(三復四溫)' 독서법을 실천했고, 여기에 덧붙여 '사다(四多)' 원칙을 준수했다.

삼복사온 독서법은 세 번 반복해서 읽고, 네 번 익히는 것이다. 쉽게 편하게 한 번 눈으로 읽고 마는 그런 독서가 아니었다. 여기에 사다 원칙을 더하면 이것은 누가 봐도 '심층 연습'과 같은 독서 훈련이 이루어진다.

사다 독서 원칙은 다독(多讀), 다사(多寫), 다상(多想), 다문(多問)을 말한다. '다독'은 많이 읽는 것이고, '다사'는 많이 베껴 쓰는 것이고, '다상'은 많이 생각하는 것이고, '다문'은 많이 질문하는 것이다.

마오쩌둥은 한 권의 책을 읽어도 많이 쓰고, 많이 생각하고, 자신에게 많은 질문을 던지면서 최소한 세 번 반복하고, 네 번 익혔다.

그가 남긴 독서 관련 어록 중에서 가장 위대한 말은 이것이다.

붓을 움직이지 않는 독서는 독서가 아니다.

마오쩌둥이 이렇게까지 말한 이유에 대해 곰곰이 생각해봐야 한다. 붓을 움직이지 않는 독서를 독서가 아니라고까지 말한 데에는 그만큼 중요한 의미가 있기 때문이다.

붓을 움직이는 것과 움직이지 않는 것은 단지 효과의 차이만 나는 정도가 아니다. 잘라 말해 붓을 움직이지 않으면 그 어떤 독서 효과도 없다. 이 사실을 마오쩌둥은 잘 알고 있었다.

이렇게 붓을 움직이는 것, 즉 필기하는 것에 대해 강조한 사람 중에는 다산 정약용과 정조대왕도 있다.

《정조실록》에서는 정조대왕의 독서 방법이 소개되어 있다. 그리고 다른 옛 문헌에도 정조대왕의 독서관이 나온다. 이런 기록들을 통해 정조대왕이 책을 볼 때 한두 번 자세히 읽는 것보다 손으로 직접 초록하는 것이 더 효과적이라고 강조하는 것을 볼 수 있다.

그래서 자신도 초록하는 독서를 가장 좋아한다고 말했다. 효과도 많이 보았다. 정조대왕은 이런 독서 방법은 꼼꼼하지 않고 데면데면 그저 읽고 넘어가는 독서 습관과는 비교조차 할 수 없는 것이라 언급하면서 초록을 강조했다.

다산 정약용이 18년 유배 생활 동안 500권이라는 엄청난 수의 책을 집필할 수 있었던 원동력은 초서 독서법에 있었다고 해도 과언이 아니다. 이는 나 또한 연필을 움직이며 하는 독서의 효과를 누구보다 확실히 경험해봤기 때문에 자신 있게 말할 수 있다.

다산의 초서 독서법의 알맹이를 보면 마오쩌둥의 독서법과 본질과 원리적인 측면에서 거의 통한다는 사실을 발견할 수 있다. 심지어 위대한 성군 세종대왕의 독서법이었던 '백독백습' 역시 그 본질과 심층 독서의 원리 측면에서 앞의 두 가지 방법과 거의 같은 독서법임을 알 수 있다.

초서하는 순간 뇌 전체가 움직인다

그렇다면 손을 사용하는 초서 독서법이 왜 놀라운 효과를 가져다주는 것일까? 한마디로 손은 뇌의 가장 많은 부분을 자극하는 기관이기 때문이다.

1940~1950년대 캐나다의 유명한 신경외과 의사였던 와일드 펜필드는 대뇌피질이 위치별로 받아들이는 신체 감각이 다르다는 사실에 착안하여 신체 감각과 대뇌피질을 연결한 뇌의 지도 '호문쿨루스(Homunculus)'를 만들어냈다.

이 지도를 보면 손과 손가락 부위가 대뇌피질의 감각 영역과 운동 영역에서 가장 많은 부위를 차지하고 있음을 알 수 있다. 간단히 말해 손과 손가락을 움직이면 뇌의 가장 많은 부분을 자극하고 활동하게 할 수 있다는 것이다.

 손을 많이 사용하는 악기를 배우면 머리가 좋아지는 이유가 바로 여기에 있다. 젓가락을 사용하는 민족인 한국, 일본, 중국 사람들이 세계에서 가장 지능지수가 높은 까닭도 맥락을 같이한다.

와일드 펜필드의 호문쿨루스_감각 모형 사진

출처: 국가과학기술위원회 공식 블로그(http://nstckorea.tistory.com/407)

 이 사진을 보면 인간의 손이 뇌에 얼마나 많은 영향을 미치는지를 쉽게 이해할 수 있다. 뇌과학이 발달하기 이전 인물인 세종대왕, 정조대왕, 다산 정약용, 마오쩌둥은 모두 직관적으로 그리고 경험적으로 손을 사용하는 것이 뇌를 깨우는 활동이라는 사실을 알았다. 이는 매우 놀라운 일이다. 괴테 역시 "손은 외부로 나온 뇌"라고 말한 적이 있다. 이렇게 보면 위대한 인물들은 모두 손이 중요하다는 사실을 인식하고 있었던 것 같다.

초서 독서법의 세 가지 효과

앞에서도 밝혔듯이 나는 완전 독서 초보였던 5년 전, 6개월 동안 독서를 하면서도 '밑 빠진 독에 물 붓기' 식으로 하나도 남는 것 없는 독서만을 한 적 있다. 그 후 잠시 동안 방황하다 다시 독서를 시작하기로 마음먹었다. 이때 다양한 독서 방법을 시도해보고 관련 책들도 많이 읽었다. 하지만 기존에 나와 있는 독서법 책에서는 큰 도움을 받지 못했다.

그러다가 내 나름대로 독서 노트에 필기를 하기 시작했는데, 그때부터 뭔가 하나씩 축적되는 느낌이 들기 시작했다. 그것은 이전과 달리 한 권의 책에서 더 많은 것을 캐내고 있다는 느낌이었다.

그렇게 몇 개월을 하고 나니 책을 읽을 때는 반드시 노트 필기를 해야 뭔가 제대로 하는 듯한 생각이 들었다. 그리고 이것은 마침내 소중한 습관으로 정착되었다. 하지만 그 상태에서 계속 정체되는 느낌이 조금이라도 들면 또 다른 독서 방법을 생각해내고, 그것을 시도해보고, 검증해보고, 다시 피드백하면서 독서법을 발전시켜나갔다. 결과적으로

3년이 지나자 나는 다산 선생의 초서 독서법과 거의 비슷한 방법으로 독서를 하고 있었다.

그렇다면 초서 독서법은 어떤 효과가 있는 것일까?

가장 큰 효과는 책의 내용을 환하게 꿰뚫을 수 있다는 것이다. 눈으로만 읽으면 이해하고 수용하는 수준에서 그치기 쉽다. 하지만 초서를 하면 책의 핵심 내용, 중요 문장을 손으로 직접 쓰기 때문에 핵심 키워드와 문장이 머리에 각인된다. 그리고 그 과정에서 책의 내용을 한 문장으로 압축하고 또 압축하는 훈련을 하게 된다.

또 초서를 하면 기억력이 향상된다. 눈으로만 읽으면 책을 덮는 순간 하나도 기억이 나지 않을 때가 많다. 그러나 노트 필기를 하면 기억에 훨씬 더 오래 남는다. 이와 함께 초서를 하면 내가 무엇을 읽었는지 그리고 무엇을 배웠는지에 대해 나름대로 정리할 수 있고 요약할 수 있다.

나도 처음에는 베껴 쓰는 것이 90퍼센트 이상이었다. 그러면서 조금씩 변하기 시작했다. 베껴 쓴 것보다 내가 이 책을 통해 배운 것, 내 생각으로 읽은 것, 그리고 작가의 견해와 나의 견해를 비교 분석하고 종합하여 새롭게 만들어낸 제3의 것 등의 비중이 점점 더 높아지게 되었다.

그 과정에서 초서를 하지 않았다면 절대로 깨닫거나 생각해볼 수 없었던 것들을 부가적으로 더 많이 생각하고 정리하고 요약할 수 있게 되었다.

초서 독서법의 5단계

그렇다면 초서 독서법의 모든 것을 살펴보자. 다산 정약용이 자녀들에게 보낸 편지글을 보면 초서 독서법의 모든 것을 알 수 있다. 다산은 독서에 관한 이야기를 그 편지에 많이 담았는데 '초서법(鈔書法)'에 관한 이야기가 대표적이다.

〈두 아들에게 답함[答二兒]〉이란 편지에 실려 있는 초서법에 대한 중요한 글들을 살펴보자.

> 초서(鈔書)의 방법은 먼저 자신의 생각을 정리한 후 어느 정도 정리가 되면, 그 후에 그 생각을 기준으로 취할 것은 취하고 버릴 것은 버려야 취사선택이 가능하게 된다. 어느 정도 자신의 견해가 성립된 후 선택하고 싶은 문장과 견해는 뽑아서 따로 필기를 해서 간추려놓아야 한다. 그런 식으로 한 권의 책을 읽더라도 자신의 공부에 도움이 되는 것은 뽑아서 적고 보관하고, 그렇지 않은 것은 재빨리 넘어가야 한다. 이런 방법으로 독서를 하면 백 권의 책이라도 열흘이면 다 읽을 수 있고, 자신의 것으로 삼을 수 있게 된다.

> 초서의 방법은 먼저 내 학문이 주장하는 바가 있은 뒤에, 저울질이 마음에 있어야만 취하고 버림이 어렵지가 않다. 학문의 요령은 전에 이미 말했는데, 네가 필시 잊은 게로구나. 그렇지 않고서야 어찌 초서

의 효과를 의심하여 이런 질문을 한단 말이냐?

독서를 하려면 반드시 먼저 근본(기초)을 확립해야 한다. 근본(기초)이란 무엇을 말하는 것인가. 학문에 뜻을 두지 않는다면 독서를 할 수 없으며, 학문에 뜻을 둔다고 했을 때는 반드시 먼저 기초를 튼튼히 해야 한다.

그는 또 〈시경강의서(詩經講義序)〉와 〈기유아(寄游兒)〉에서 다음과 같이 말했다.

독서는 뜻을 찾아야 한다. 만약 뜻을 찾지 못하고 이해하지 못했다면 비록 하루에 천 권의 책을 읽는다고 해도 그것은 담벼락을 보는 것과 같다. 《〈시경강의서〉》

내가 몇 년 전부터 자못 독서할 줄 알았는데 헛되이 마구잡이로 읽으면 하루에 천 권, 백 권을 읽어도 오히려 읽지 않음과 같다. 모름지기 독서란 한 글자라도 뜻을 이해하지 못하는 곳을 만나면 널리 고찰하고 자세히 살펴 그 근원을 찾아내야만 한다. 《〈기유아〉》

이런 글들을 토대로 초서법을 정리하면 다음 다섯 가지 키워드로 요약할 수 있다.

① 입지(立志) - 주관, 의견
② 해독(解讀) - 읽고 이해
③ 판단(判斷) - 취사선택
④ 초서(鈔書) - 적고 기록
⑤ 의식(意識) - 의식 확장

1단계인 입지는 책을 읽기 전에 먼저 자신의 주관을 확립하는 단계이다. 이는 맹목적으로 책을 읽고 수용함으로써 비판 없는 노예가 되어 책에 종속되는 폐해를 막기 위한 중요한 단계이다. 자신의 주관이 똑바로 서야 책의 내용을 취할지 버릴지 결정할 수 있다. 분명한 주관 없이 그저 책을 읽는 사람은 앵무새 독서나 원숭이 독서만 할 가능성이 매우 높다.

2단계인 해독은 우리가 일반적으로 '독서한다'고 할 때의 과정이다. 즉 독서를 통해 읽고 이해하여 책의 핵심 주장과 내용이 무엇인지 파악하는 단계이다.

3단계인 판단은 다산이 말한 저울질이다. 자신의 생각을 정리한 것을 토대로 취사선택하고 비교 분석하며 통합하고 성찰하는 과정이다. 생각하고 또 생각하는 과정이라고 할 수 있다.

4단계인 초서는 말 그대로 핵심 문장과 견해를 따로 뽑아서 기록하고 간추려놓는 과정이다. 이 과정을 통해 자신은 독자가 아닌 제2의 저자가 되는 것이다.

5단계인 의식은 책을 읽음으로써 자신의 의식과 생각과 주관이 바뀐 것에 대해 기록하는 과정이다. 다산은 하루에 천 권의 책을 읽어도 그 뜻을 찾아야만 제대로 된 효과를 누릴 수 있다고 말했다. 이처럼 책을 통해 자신의 뜻을 발굴하고 그 과정을 통해 의식이 확장되는 과정이 이 단계에서 일어난다.

공부만 하다가 언제 생각할 것인가

노벨상 수상자들이 가장 강조하는 것은 공부가 아니라 '생각'이다. 한 노벨상 수상자는 한국 학생들에게 "공부만 하고 언제 생각할 것이냐" 하고 질책했다. 공부만 하는 바보가 된 한국 학생들에게 일침을 놓은 것이다.

그런데 이런 이야기는 절대 과장이 아니다. 대부분의 노벨상 수상자들은 공부보다 생각을 몇백 배 더 강조한다. 20세기 최고의 과학자로 평가받고 있는 아인슈타인은 무엇보다 생각을 강조했다. 그는 "지식보다 더 중요한 것은 상상력"이라고 하면서, 자신은 "머리가 좋은 것이 아니라 남들보다 더 오래 생각했을 뿐"이라고 말했다.

1965년 노벨상을 받은 리처드 파인만의 이야기도 흥미롭다. 그는 길을 걸으면서도 생각을 멈추지 않았다. 그런데 너무 어려운 것을 생각할 때면 도저히 더 길을 걸을 수 없었다. 그래서 멈춰 선 후 그 문제가 해결될 때까지 계속해서 생각에 빠졌다. 그리고 해결이 되면 다시 걷기 시작했다고 한다.

2008년 노벨상을 받은 이웃 나라 일본의 마스카와 도시히데 박사는 일본의 문제 중에서 가장 심각한 것은 생각하지 않는 인간을 만들어내는 대학 입학시험이라고 강하게 비판한 적이 있다. 그는 일본 교육의 병폐를 날카롭게 지적했다. 교육이 오염되어 오직 결과에만 집중하는 일본의 미래를 걱정한 것이다. 그런데도 일본에는 학문 분야 노벨상 수상자들이 적지 않다. 정작 교육 문제를 걱정해야 할 나라는 일본이 아니라 한국인 것 같다.

공자와 맹자 역시 생각의 중요성에 대해 강조했다.

배우기만 하고 생각하지 않으면 어리석어지고, 생각하기만 하고 배우지 않으면 위태로워진다. (공자)

생각하면 얻고 생각하지 않으면 얻지 못한다. (맹자)

생각의 중요성을 아는 사람들은 대부분 위대한 사람들이다. 경영 구루 중 한 명인 오마에 겐이치는 "스스로 생각하는 사람이 강하다"고 말한 바 있다.

한국에 학문 분야 노벨상 수상자가 없는 이유에 대해 많은 사람들이 주입식 교육 때문이라고 말한다. 즉 잘못된 교육 시스템에 그 원인이 있다는 것이다. 그런데 이 말은 반은 맞지만, 반은 틀렸다.

왜냐하면 이웃 나라 일본의 교육이 우리와 똑같은 시스템이고 주입식 교육이기 때문이다. 일제 35년 동안 일본이 만들어놓은 교육 시스템이 지금까지 그대로 유지돼왔다.

그런데 일본은 노벨상 수상자들이 적지 않다. 하지만 한국에는 학문 분야 수상자가 단 한 명도 없다. 그 이유는 외형적인 교육 방식이나 시스템에 있지 않다. 물론 어느 정도 영향을 주겠지만, 근본적인 문제는 독서력의 차이에서 찾아야 할 것이다.

참된 독서는 생각하게 하는 독서이다. 그런데 한국의 성인들은 1년에 책을 10권밖에 읽지 않는다. 일본의 일반 성인들은 1년에 72권 정도의 책을 읽는다. 무려 일곱 배 이상 차이가 나는 독서량이다. 중국 성인들도 평균 30권 정도를 읽는다.

한국은 독서(량) 수준에서 세계 최하위 국가이다. 독서의 참된 목적과 효과는 생각하는 힘을 기르는 데 있다고 했다. 그런데 한국인들은 그렇게 독서를 적게 하면서도, 그마저도 사고력을 기르는 데 목적을 두지 않고 지식과 정보를 수용하는 데만 급급하다. 한국인의 조급한 성격 때문일까. 얼마 되지 않는 그 10권의 책마저도 진득하게 생각하면서 읽지 않는다.

그런데 우리 선조들은 지금의 우리와 달라도 너무 달랐다. 선조들은 한 번 읽은 책은 읽었다고도 말하지 않았다. 수십 번 혹은 수백 번 읽으면서 생각하고 또 생각한 책이라야 읽었다고 말할 수 있었다.

우리 선조들이 암기를 한 이유도 책을 볼 수 없는 밤이나 이동 중에 책을 반복해서 읽기 위해서였다. 그렇게 읽으면서 생각하고 또 생각했던 것이다. 그렇게 할 때 비로소 '독서백편의자현'이라는 말이 힘을 발휘할 수 있다. 하지만 현대 한국인은 한두 번 빨리 읽고 새로운 정보나 지식만 얻으면 독서를 다 했다고 생각해버린다.

그런데 초서를 하면 노트에 한 문장이든 두 문장이든 써야 한다. 놀라운 사실은 쓰는 과정이 '잠시 멈춤'을 의미한다는 점이다. 읽는 행위를 잠시 멈추고, 쓰는 과정을 통해 생각을 하게 된다는 것이다. 이는 그 책이 선물하려는 사고의 문이 열리는 순간이라고 할 수 있다. 그렇게 되면 생각하는 훈련을 할 수 있다. 따라서 초서를 하면 생각할 기회가 눈으로만 책을 읽을 때보다 훨씬 더 늘어난다.

다산 정약용이 초서를 강조한 이유도 알고 보면 여기에 있다는 사실을 쉽게 알 수 있다. 많이 쓰는 행위는 곧 많이 생각하는 것과 다를 바 없다.

다시 말해 초서 독서법은 단순히 문장을 베껴 쓰는 독서법이 아니다. 이것은 많이 생각하게 하는 독서법이었던 것이다.

그렇다고 초서 독서법이 전 세계 모든 이들에게 다 유용한 독서법이라는 말은 아니다. 서양과 동양은 문화가 현저하게 다르다. 따라서 각자에게 가장 효과적인 독서법 또한 서로 다를 수 있다. 사고력이 향상되는 환경을 살펴보아도 동서양의 차이를 쉽게 알 수 있다. 서양인들은 말을 할 때 사고력이 더욱 향상된다. 그런 DNA가 수천 년 동안 이어져 내려온 데다 그런 문화 속에서 태어나 자랐기 때문이다.

그래서 서양에서는 토론 문화가 발달했다. 서양의 위인과 독서 고수들을 보면 책을 읽고 매일 토론을 함으로써 둔재가 천재로 도약하듯 큰 발전을 이룬 사람들이 적지 않다. 바로 이런 문화 때문이다.

하지만 서양인들의 토론 독서법이 동양인, 특히 한국인에게도 같은 효과를 보일 것이라 생각하는 것은 오산이다. 문화적 맥락을 이해하지 못하고 겉모양만 흉내 내는 일은 어리석다. 동양인은 서양인과 다른 문화 속에서 태어나 자랐기 때문에 그들과 다르다. 말을 할 때보다 말하지 않을 때 사고력이 더 향상되는 경향이 있다.

따라서 동양인의 사고력을 향상시키는 독서법은 토론보다는 조용히 기록하는 초서 독서법이라 할 수 있겠다. 실제로 우리 선조들 중에 토론 독서법과 비슷한 방법을 통해 위대한 업적을 창출한 이는 찾기 어렵다. 이것은 바로 동서양의 문화 차이 때문이라 할 수 있다.

이렇듯 초서 독서법은 우리 선조들이 후손을 위해 개발한 최고의 독서법이다. 우리의 몸과 정서와 문화에 가장 잘 맞는다. 한마디로 한국인에게 최적화된 독서법이다.

초서 독서법, 글쓰기에 가장 효과적인 방법

나는 가끔 사람들에게 "왜 작가가 되었습니까?"라는 질문을 받곤 한다. 그럴 때면 나는 "어떻게 하다 보니 저절로 책을 쓰게 되었습니다" 하고 답변한다.

그런데 프랑스의 유명 작가 샤를 단치의 글을 보면서 '나 같은 경우가 이상한 게 아니구나' 하는 일종의 안도감을 느꼈던 적이 있다. 샤를 단치는 《왜 책을 읽는가》에서 작가는 모두 위대한 독서가라고 하면서 이렇게 멋지게 표현하고 있다.

> 책을 읽으며 열정의 도가니에 빠지는 것은 종종 작가가 되기 위한 징후다. 읽고 또 읽고, 자꾸 읽으면 거의 자동으로 쓰는 단계에 이른다. 어쩌다 글을 쓰는 작가가 되었을까? 먼저 책을 읽었기 때문이다.

나의 경험과 샤를 단치의 말이 보여주듯이 독서의 연장선에는 분명 글쓰기가 떡하니 서 있다. 하지만 책을 읽더라도 제대로 읽어야 한다. 그렇지 않으면 수천 권을 읽어도 소용이 없다.

아무리 지성과 교양이 높다 하더라도, 아무리 책을 많이 읽었다 하더라도 독서를 제대로 할 줄 모르는 사람은 글 쓰는 방법을 깨치지 못한다. 이런 사실에 대해 샤를 단치는 같은 책에서 이렇게 우아하게 표현했다.

> 내가 아는 어떤 사람은 지성과 교양이 아주 높을 뿐 아니라 매우 해박하기까지 하다. 그런데 글을 쓸 때는 전혀 그렇지가 않다. 참 난감

하다. 그가 글을 쓸 줄 모른다는 것은 무엇을 의미할까? 그건 독서할 줄 모른다는 얘기다. 그는 소설을 읽을 때는 테마를 보고, 시에서는 형태를 읽으며, 희곡에서는 대사를 읽는다. 눈앞에 펼쳐진 풍경과 피상적인 세계만 읽는 것이다. 그러나 우리는 표면적인 세계뿐 아니라 진짜 주제와 진짜 현실도 읽어야 한다. 인물의 정신도 읽어야 한다는 얘기다. 수사 뒤에 감추어진 소네트와 송가는 물론, 반복적으로 등장하는 말과 그다지 믿을 수 없는 화자의 진술 등 그 문장을 구성하는 내적인 동기 역시 놓치지 말아야 한다. 안무만이 춤의 전부는 아닌 것이다.

옛날 중국 송나라 문인이었던 구양수가 말한 글을 잘 쓰는 세 가지 방법 중에 독서가 들어 있다. 그가 말한 좋은 글을 쓰기 위한 길잡이는 '삼다(三多)'이다. 다독(多讀), 다작(多作), 다상량(多商量)이 그것이다. 즉 많이 읽고, 많이 쓰고, 많이 생각하라는 것이다.

동서양을 막론하고 글쓰기의 고수들이 말하는 첫째 비법은 독서이다. 그런데 독서를 해도 글쓰기를 못하는 사람은 왜 그런 것일까?

그것은 독서의 기술, 독서의 방법이 효과적이지 않기 때문이다. 덜 생각하고 덜 힘든 독서, 남이 떠먹여주는 독서, 생각을 전혀 하지 않는 수동적이고 기계적인 독서만을 해왔기 때문이라고 감히 말할 수 있다.

세상에 공짜 점심이란 없다. 누군가가 무엇을 천재처럼 잘하게 되었다면 그것은 그 사람이 남들보다 더 많은 시간과 에너지와 노력과 그리고 남다른 특별한 무엇인가를 더 투자했다는 것을 의미한다.

글쓰기도 이와 다르지 않다. 특히 글쓰기는 어떤 요령이나 요행으로 갑자기 비범한 결과를 만들 수 없는, 그야말로 정직한 분야라고 할 수 있다.

작가가 만약 특정한 한 분야가 아닌 다양한 분야의 글을 쓰고 싶다면, 그는 그만큼 다양한 분야의 책을 읽어야 하고 그만큼 다양한 분야에 대해 생각해야만 한다. 실제로 공학도에 불과했던 내가 전공과 관계없는 뇌과학서, 경영서, 인문학 도서 등을 집필할 수 있었던 것은 해당 분야의 책들을 최소 수백 권 이상 읽었기 때문에 가능했다. 분명히 말하지만 나는 천재가 아니다.

피터 드러커가 현대 경영학의 창시자가 될 수 있었던 것은 3년마다 주제를 달리하면서 평생 책을 읽고 생각하기를 멈추지 않았기 때문이다. 그 결과 해당 주제에 대해 자신보다 지식이 더 많은 이들도 가질 수 없었던 통찰력과 혜안이 생겨 현대 경영학의 창시자로 평가받게 된 것이다.

글을 잘 쓰는 방법 중 하나로 독서와 함께 필사(筆寫)를 추천하는 사람들도 적지 않다. 나 또한 이 방법이 나쁘지 않다고 생각한다. 하지만 필사를 하면 그만큼 독서를 할 시간이 줄어드는 문제가 생긴다.

그래서 초서가 더 효과적이라 생각한다. 필사의 효과를 얻으면서 독서는 독서대로 할 수 있는 방법이기 때문이다.

초서를 하면 자기 자신이 제2의 저자가 되어 저자의 견해 연장선에서 책을 쓰는 것과 같은 연습을 할 수 있다. 그것은 마치 육상의 계주 선수가 앞 선수의 바통을 이어받은 후 전력질주를 하는 것과 비슷하다. 책을 읽으면서 또 다른 책인 자신의 노트에 집필을 이어가게 되는 것이다.

처음에는 그 작품이 보잘것없고 단편적이며 형편없을 것이다. 하지만 수백 번, 수천 번 형편없는 제2의 저자로서 독서와 저술을 병행하면 변화가 일어난다. 어느 순간 흘러넘치는 임계점과 조우하게 되고 그 순간부터 폭발적인 집필이 일어날지 모른다.

참된 독서는 독서로 끝나서는 안 된다. 독서는 결국 저술로 이어져야 한다. 그것이 오히려 더 자연스러운 현상이며 과정이다. 그러기 위해 가장 좋은 방법은 '눈으로 읽는 독서'가 아니라 '손으로 읽는 독서'를 하는 것이다. 그렇다. 손으로 읽어야 한다. 손으로 읽지 않는 것은 독서가 아니다.

손으로 책을 읽을 때 당신은 독자인 동시에 제2의 저자가 된다. 그 글이 아무리 형편없다고 해도 이 사실은 변하지 않는다. 그 글이 단 한 줄의 문장에 불과하고 질적으로도 수준 낮다고 해도 마찬가지다. 당신은 독자와 저자 사이를 넘나들면서 독서하는 훈련을 꾸준히 하게 되는 것이다.

둔한 붓이 총명한 머리보다 낫다

다산은 초서를 등한시하는 자녀들을 야단치면서 초서의 방법으로 독서를 하면 백 권의 책이라도 열흘이면 다 정리하고 요약할 수 있게 되어 백 권도 열흘 공부에 불과하다고 말했다.

그런데 이 말을 그대로 믿기는 힘든 것 같다. 나 역시도 솔직히 너무 과장된 표현이 아닌가 하는 의구심이 들었다. 그러나 초서법으로 독서를 하면 할수록 그 효과에 대해 깨닫는 바가 커졌다.

지금 생각해보니, 이미 초서 독서법의 막강한 효과를 한마디로 잘 설명해주는 말이 몇 가지 있었다.

그중 하나가 앞에서 말한 맹자의 독서 비결 '이의역지'다. '자신의 뜻으로 저자의 뜻을 거슬러 구하는 것'이다. 그리고 한 가지 더 추가할 수 있다. 바로 다산이 말한 '둔필승총(鈍筆勝聰)'의 원리다. '둔하고 부족한 붓(기록, 쓰기)이 총명한 머리보다 더 낫다'는 뜻이다. 즉 무딘 붓이 총명을 이긴다는 것이다.

나와 같이 둔하고 평범한 사람이 1년 9개월 동안 40권의 책을 출간할 수 있었던 힘이 바로 '초서법'이라는 독서법에 있었던 것이다. 이는 '둔필승총' 원리로 표현할 수 있을 것 같다.

요즘 우스갯소리 중에 '적자생존'을 '적는 자만이 생존할 수 있다'로 풀이한 패러디 고사성어가 있다. 물론 과거에도 적는 것(writing)이 매우 중요했다. 이 항구적 진리를 일찍 깨닫고 쓰는 것이 최고의 독서법임을 주장하고 몸소 실천한 선비가 바로 다산 정약용이다.

다산보다 필기의 중요성을 더 잘 알고 있었던 사람은 없을 것이다. 그리고 다산만큼 그것을 실천으로 옮겨 그 힘을 입증해낸 이도 없을 것이다. 그래서 다산이 '둔필승총'이라는 명언을 남길 수 있었는지도 모른다.

'둔필승총'은 둔한 것으로 총명함을 이기는 역설의 원리다. 그래서 이 말은 약하고 부드러운 것이 강한 것을 이기고, 붓이 칼을 꺾을 수 있다는 '인자무적(仁者無敵)'과 그 의미가 맞닿아 있다.

보잘것없는 독서 노트를 결코 가볍게 여기지 말아야 하는 이유가 바로 여기에 있다. 눈으로만 독서를 한 사람과 보잘것없더라도 독서 노트를 쓰며 초서를 한 사람은 시간이 지날수록 차이를 보인다. 손때 묻은 독서 노트가 점점 늘어날수록 그 차이는 하늘과 땅만큼으로 벌어진다.

내가 초서법을 알고 익히게 된 것은 정말 행운이다. 만약 계속 눈으로만 독서했다면 아무리 많은 책을 읽었다 해도 큰 변화가 없었을 것이다. 어제와 별반 다를 바 없는 오늘을 사는 평범한 중년에 지나지 않았을 것이다.

나는 처음 6개월 동안 잘못된 독서법으로 시간 낭비를 했다. 그 후 2개월 정도 방황하면서 잠시 다른 것을 하려고 했다. 하지만 그것도 뜻대로 되지 않아 다시 정신을 차리고 독서 방법을 바로 세웠다. 이때 시작한 것이 초서이다. 처음에는 부족하고 보잘것없었지만 멈추지 않았다. 초서를 시작한 지 2년 정도 지나자 그 효과가 분명하게 나타났다. 글을 쓰는 것이 밥을 먹는 것만큼 일상적인 일이 되었다. 그 이후로는 읽기보다 쓰기에 더 많은 시간과 비중을 두게 되었다.

읽기만 하는 사람은 평생 읽기에서 벗어나지 못한다. 하지만 읽기와 쓰기를 동시에 하는 초서법으로 독서를 하면 '읽기만 하는 바보'에서 벗어나 '쓰는 사람'이 될 수 있다. 이것은 나의 경험을 통해 자신 있게 말할 수 있다.

초서 독서법, 생각의 근육을 키우는 최고의 방법

다산은 그저 눈으로만 빨리 책을 읽어대는 독서법을 매우 경계했다. 그 대신 의심을 품고 항상 기록하는 방법을 사용하면 사고력을 향상시킬 수 있고 학문의 성장을 가져올 수 있다고 확신했다.

한 권의 책을 무작정 읽어 이해하는 것이 독서의 완성이라고 여긴다면 큰 오산이다. 다산은 초서를 통해 스스로 생각하고 깨달아갈 기회를 제공해야 함을 잘 알고 있었다.

모름지기 뜻을 강구하고 고찰하여 그 정미한 뜻을 깨달으면 깨달은 바를 수시로 기록해두어야만 바야흐로 실제의 소득이 있게 된다. 진실로 외곬으로 낭독하기만 한다면 또한 실제의 소득이 없을 것이다.

(권영식, 《다산의 독서전략》, 143쪽, 재인용)

다산은 뜻을 강구하고 고찰하기 위한 생각과 그 생각을 통해 스스로의 힘으로 얻게 된 깨달은 바를 기록하는 필기를 가장 중요한 독서 방법이라고 생각했다.

우리는 초서 독서법을 통해 제대로 기록하기 위해서는 엄청난 양의 생각을 해야 한다는 것을 잊어서는 안 된다.

한 권의 책을 읽고서 그 책의 내용 중에서 가장 핵심이 되는 부분을 뽑아서 기록하는 일은 결코 쉽지 않다. 그 책의 모든 내용을 다 통달하고 꿰뚫어볼 수 있어야 한다. 그만큼 많은 사고 연습이 필요하다.

이러한 사고 연습은 결국 독서 효과를 극대화하는 최고의 읽기 방법이 된다. 더불어 다양한 책들을 많이 섭렵하고 그것을 한 문장으로 요약하는 훈련을 통해 사고력의 한계를 매일 경험하며 넘나들게 된다. 이러한 훈련은 사고력을 향상시킬 뿐만 아니라 극대화한다.

백 번 죽었다 다시 살아난다 해도 생각하지 못할 것들을 생각해낼 수 있게 하는 것, 그것이 바로 초서 독서법의 힘이다.

빨리 눈으로, 혹은 요령껏 중요한 부분만을 읽고 책을 해치워버리는 독서, 작가가 다 만들어놓은 음식을 그저 먹어치우기만 하면 되는 독서, 힘과 노력을 크게 필요로 하지 않는 독서, 생각하게 하지 않는 독서……. 이것들이 우리가 일반적으로 하는 독서법이다. 이런 독서법으로는 절대로 사고력의 향상을 이룰 수 없다.

반면 초서 독서는 천천히 머리로 생각해야 하고 그것을 다시 노트에 필기해야 하기 때문에 시간은 물론 노력과 에너지도 배로 든다. 작가가 아무리 음식을 다 만들어놓고 그냥 삼키기를 원한다고 해도 초서 독서법을 실천하는 독자들은 다르게 반응한다. 그 음식들을 다시 원재료로 되돌려놓고(자신의 노트에 베껴 쓰고) 그때부터 다시 자신만의 음식을 만들기 시작한다. 머리에 쥐가 날 정도로 현기증을 느낄 수도 있다. 하지만 생각하고 또 생각하게 된다.

결국 한 권의 책을 단 하나의 문장으로 요약하게 된다. 이런 점에서 초서법은 최고의 효과를 낳는 독서법이다.

| 6장 |

김병완의 초의식 독서법 4

의식 독서법

책을 읽는 요령은 눈으로 보고
입으로 소리 내어 읽고 마음에서 얻는 것이다.
이 중에서 제일 중요한 것은 마음에서 얻는 것이다.

_주자

가장 오래된 독서법, 독서삼도

독서에는 왕도가 없다. 하지만 아주 오래전부터 내려온 독서법은 있다. 그런데 그것을 잘 아는 사람은 많지 않다. 전통 독서법의 정수는 '독서삼도(讀書三到)'란 말 속에 녹아 있다.

독서삼도란 한마디로 정신을 집중해서 책을 읽으라는 뜻이다. 눈에 보이는 화려한 기교나 테크닉보다 더 중요한 것이 우리의 마음이라는 속뜻을 담고 있다. 따라서 책을 읽을 때는 주위 환경에 휘둘리지 않고 정신을 집중해서 읽어야 한다.

독서삼도의 삼도란 심도(心到), 안도(眼到), 구도(口到)를 말한다. 그리고 이렇게 마음과 눈과 입을 함께 기울여 책을 읽으면 오롯이 책에 빠져드는데, 이를 '독서삼매'라고 한다.

본래 삼매(三昧)란 불교의 수행법으로, 마음을 하나의 대상에 집중시켜 감각적 자극이나 그 자극에 대한 일상적 반응을 초월하는 상태를 유지하는 것이다.

진짜 독서의 고수들은 독서를 할 때 옆에서 벼락이 쳐도, 심지어 불이 나도 그것을 의식할 수 없다고 한다. 이는 독서 고수들의 경지가 평범한 사람들은 도저히 상상할 수 없는 수준임을 보여준다.

이런 '독서삼도'는 중국 남송 시대 때의 유학자이자 주자학의 창시자였던 주희에게서 비롯되었다. 그는 800년 전에 〈독서법〉이라는 글에서 성현의 말씀은 모름지기 눈으로 읽고, 입으로 소리 내어 낭송하며, 마음으로 깨우쳐서 되새겨야 한다며 온몸으로 체득하는 독서 방법론을 제시했다.

> 책을 읽는 요령은 눈으로 보고(眼到) 입으로 소리 내어 읽고(口到) 마음에서 얻는 것(心到)이다. 이 중에서 제일 중요한 것은 마음에서 얻는 것이다.

근대 중국의 대문호 루쉰은 주희의 이 말을 좌우명으로 삼아 평생 독서에 힘썼다. 그의 고향 저장성(浙江省) 샤오싱(紹興)의 루쉰박물관에는 그가 사용했던 '독서삼도(讀書三到)'라는 책갈피가 전시돼 있다.

위대한 작가들을 만든 것은 위대한 독서법이었다. 그리고 위대한 독서법은 매우 다양하다. 하지만 빼놓을 수 없는 공통점이 존재한다. 바로 혼신을 다해 정신을 모아 독서를 한다는 사실이다.

영혼이 빠진 독서를 하는 사람들과 의식을 다해 독서를 하는 사람들을 가장 쉽게 구별하는 방법은 휴대폰이다. 의식을 다해 독서를 하는 사람들은 휴대폰이 울려도 그것을 의식하지 못할 정도로 집중해서 독서를 한다. 그러나 건성으로 독서를 하는 사람들은 그렇지 않다.

조선 시대에 책 읽기를 좋아하는 어떤 선비가 살았다. 하루는 그의 아내가 마을에 다녀온다고 하면서 비가 오면 빨래를 좀 걷어달라고 부탁하고는 집을 떠났다. 한여름이라 소나기가 몇 차례 내렸다. 선비의 아내는 자신의 남편이 빨래를 다 걷었을 것이라고 믿었기에 안심하고 마을에 다녀왔다. 그런데 집에 와보니 빨래들이 모두 비를 맞아서 축축해진 채 빨랫줄에 그대로 널려 있었다. 아내는 몹시 화가 났다. 하지만 남편이 외출한 탓에 빨래를 걷지 못했을 것이라고 생각했다. 그래서 혼자 씩씩거리면서 방문을 열었다. 그런데 남편은 방 안에서 몰입한 채 독서를 하는 중이었다. 그 선비는 비가 오는지, 누가 왔다 갔는지도 모른 채 책에만 집중하고 있었다. 선비의 아내는 이를 보고 놀라워했다.

과거에는 위와 같은 일화를 쉽게 찾아볼 수 있었다. 하지만 요즘은 다르다. 현대 한국인들은 휴대폰이 조금만 진동해도 바로 책에서 눈을 뗀다. 그래서 독서의 고수가 많이 배출되지 않는 것은 아닐까 하는 생각까지 한 적이 있다.

TV 예능 프로그램을 보듯 가볍게 보다가 휴대폰이 울리면 전화를 받는 데 급급한 독서 자세나 태도는 좋지 않다. 독서를 한다는 것은 미지의 세계로 들어간다는 의미다. 어떻게 미지의 세계, 다른 세계로 들어간 사람이 그렇게 쉽게 그 세계에서 되돌아올 수 있을까?

결론적으로 현대인들은 눈으로만 독서를 할 뿐 책의 세계로 깊게 들어가지 못한다는 것을 알 수 있다. 지하철을 타고 가면서 독서에 빠져서 내려야 할 역을 한 번이라도 지나쳐본 경험이 있는 사람은 그래도 독서를 조금 할 줄 아는 사람이거나 성장 가능성이 있는 사람이라고 생각한다.

독서에는 몸과 마음과 의식이 필요하다

인간이 어떤 재능을 습득할 때는 네 가지 단계를 거쳐야 한다고 주장하는 학자들이 있다. '무의식적 무능력'에서 시작해서 '의식적 무능력'을 거쳐 '의식적 능력'을 발휘할 수 있는 단계로 성장하여 궁극에는 '무의식적 능력'으로 도약하게 된다는 것이다.

설명하기 쉽게 피아노를 배우는 사람의 경우를 생각해보자. 태어난 이후 한 번도 피아노라는 악기를 본 적도 들은 적도 없는 상태에서는 피아노를 치지 못한다는 사실, 즉 피아노 연주에 대한 자신의 무능력을 아직 의식하지 못한다. 그러다가 피아노에 관해 알게 되면 남들은 피아노를 잘 치는데 자신은 피아노를 잘 치지 못한다는 의식적 자각을 하게 된다. 이때가 바로 의식적 무능력 단계이다.

이 과정을 거쳐 비로소 그 상황에서 벗어나 피아노를 잘 치고 싶은 마음이 생기면, 학원도 다니고 연습도 하면서 의식적으로 피아노를 잘 칠 수 있는 단계가 된다. 이때가 바로 의식적 능력 단계이다.

하지만 이 단계에서는 의도적인 훈련과 연습을 하고, 의식적으로 신경을 쓰면서 연주를 해야 한다. 초보자나 중급자 정도가 이런 단계에 머물러 있다고 할 수 있다. 하지만 피아노의 고수가 되면 그때부터는 의식적으로 신경을 쓰지 않고 온몸과 마음과 의식, 즉 혼신을 다해 즐기면서 피아노를 연주한다. 그러면서도 자신이 피아노를 연주하고 있다는 사실조차 의식하지 못하는 경지에 이른다.

이때가 바로 무의식적 능력 상태, 몰입 상태, 초월 상태라 할 수 있다. 이 경우 자신의 능력을 극대화하거나 뛰어넘을 수 있으며, 자신도 믿지 못할 정도로 연주를 잘해내게 된다.

독서도 바로 이런 과정을 거쳐야 한다. 그런데 너무 많은 사람이 자신이 독서하는 방법을 모른다는 사실조차 인식하지 못한 상태에 있다. 그래서 다음 단계로 성장할 수 없다. 그저 책에 쓰인 글을 읽으면 그것이 독서인 줄 안다. 단순히 많은 책을 읽으면 독서를 잘하는 것이라 생각하고 거기에 집중한다. 그래서 효과가 없는 잘못된 독서로 시간만 낭비한다.

의식 독서법으로 독서를 해야 하는 이유는 굉장히 많다. 그중에서도 가장 중요한 두 가지를 이야기하자면 다음과 같다.

첫째, 의식 독서법으로 독서를 해야 자신의 능력을 뛰어넘어 무의식적 능력 단계로 도약할 수 있다. 영혼이 결여된 흉내만 내는 원숭이 독서를 백날 해봐야 독서의 참된 세계로 빠져들 수 없다.

둘째, 의식 독서법은 인간이 가진 집중력을 최대로 활성화함으로써 가장 효과적인 독서를 할 수 있게 해준다. 그저 독서를 하는 것과 의식 독서법을 연습하고 훈련하여 의식을 집중시켜 독서하는 것은 말 그대로 하늘과 땅만큼의 차이를 만들어낸다.

그렇기에 온몸으로 독서를 하는 것으로는 부족하다. 온몸과 마음과 의식까지 집중하여 독서를 해야 한다. 그래야 최고의, 그리고 최대의 효과를 얻게 된다.

무엇을 하더라도 그저 열심히 하는 사람이 있다. 열심이란 말을 풀어보면 마음이 뜨거운 것을 의미한다. 옛사람들은 무엇을 해도 열심히 하는 것이 중요하다는 것을 잘 알고 있었다. 그런데 요즘 사람들은 마음은 뜨거워지지 않고 외형적으로만 열심히, 즉 그저 바쁘게 하는 경향이 있다. 그저 바쁘게 열심히 하는 사람과 전심을 다해, 혼신을 다해, 의식까지 다 집중하면서 일하는 사람 사이에는 분명한 차이가 날 수밖에 없다.

공자는 전심하지 못하는 사람은 보아도 보지 못하고, 들어도 듣지 못한다고 하면서 온몸과 마음과 의식까지 다 집중해서 하는 것의 중요성을 일깨워준 바 있다.

매일 하는 일을 오롯이 즐길 수 있는 사람은 돈이나 명예나 성공을 추구하기 위해 그 일을 열심히 하는 사람이 아니다. 그는 온몸과 마음과 의식까지 집중해서 하는 사람이다. 그래서 천재보다 즐기는 사람이 더 낫다고 하는 것이다.

능력이 아니다, 의식이다!

인간이 무엇인가를 할 때 그 결과에 가장 큰 영향을 미치는 것은 그 사람의 현재 능력이 아니다. 가장 중요한 것은 능력이 아닌 의식이다. 나는 이 사실을 그 누구보다 더 잘 알고 있다. 의식 수준이 낮은 사람은 아무리 열심히 일해도 자신의 삶의 질과 수준을 높일 수 없다.

인간의 의식은 아직도 한마디로 정의하기 어려운 부분이다. 학자마다 의식에 대한 정의가 다르다. 누군가가 의식을 한마디로 정의한다 해도 그것을 다른 학자들이 인정하지 않는 실정이다.

그중에서 중요한 두 가지 의식 이론을 들자면 '통합 작업 공간(Global Workspace)' 이론과 '다중 원고 모형(Multiple Draft Model)' 이론이 있다.

통합 작업 공간은 한마디로 현대화된 '데카르트의 무대'라고 할 수 있다. 무대 위 스포트라이트를 받는 지점이 우리가 의식하는 곳이고, 무대 뒤에서 일어나는 일은 관객들이 알지 못하는 무의식의 부분이다.

무대 위가 아닌 곳에서도 많은 일이 벌어지지만, 관객의 눈에 보이는 부분은 무대 위다. 이것을 인간의 의식과 무의식의 관계로 비유할 수 있다.

이와 달리 현대 철학자 대니얼 데닛은 의식은 환각이라고 주장했다. 그는 인간의 의식을 계속해서 수정이 이루어지는 원고로 비유하여 설명하기도 했다. 그런데 데닛의 주장이 더 호응을 얻고 있다. 데카르트의 무대 이론에서 주장하는 의식은 일정한 시간과 공간으로 한정된 데 반해 다중 원고 모형 이론에서 주장하는 의식은 흘러가서 잡을 수 없는 순간처럼 쉴 새 없이 바뀌고 변화되는 특성을 더 많이 담고 있기 때문이다.

물론 이 이론에 대해 비판하는 사람들도 있다. 그래도 데카르트의 무대 이론보다는 조금 더 의식의 본질에 가까운 이론이라고 본다. 하지만 나는 의식에 대해 이런 이론들이 정의하는 것보다 훨씬 더 단순하게 생각한다.

먼저 물과 강의 차이에 대해 의식해보자.

컵에 있는 물도 물이고, 강에 있는 물도 물이다. 하지만 컵에 있는 물은 그저 물 한 잔에 불과하다. 그 물은 그 어떤 힘도 없다. 하지만 큰 강에 있는 물은 그저 물이 아니다. 강물은 수력발전소를 돌릴 수 있고 배를 띄울 수 있다. 같은 물이지만 어디에 있느냐에 따라 어떤 일을 해낼 수 있느냐가 완전하게 달라진다.

나는 인간의 의식을 현재 하는 생각의 덩어리라고 말하고 싶다. 물론 이것은 생각의 흐름 전체를 다 말하고 있다. 그래서 생각 하나하나는 물 하나하나라고 할 수 있고 그것이 모여서 강을 이루듯 생각들이 끊임없이 모여서 의식이 된다고 본다.

물 그 자체는 힘이 없지만 큰 강물이 되면 그 강물의 기세로 엄청난 일을 해낼 수 있다. 인간도 이와 마찬가지다. 하나하나의 생각보다는 생각의 흐름이자 연결된 덩어리인 의식이 훨씬 더 큰 힘을 가지게 된다. 물 자체의 힘이 능력이라면, 의식의 힘은 강물의 힘과 같다고 할 수 있다.

한 방송 인터뷰에서 "3년 동안 만 권의 책을 읽어서 무엇이 달라졌느냐?"는 질문을 받은 적이 있다. 그때 나는 "책을 많이 읽어서 지식이 늘어난 것이 아니라 의식이 달라졌다"고 대답했다. 덧붙여 "모든 것은 능력이나 지식의 문제가 아니라 의식의 문제라는 사실도 깨닫게 되었다"고 말했다. 바로 이것이 의식에 대한 나의 믿음이다.

그런데 내가 이런 말을 한 후 우연히 책을 한 권 읽었는데 그 내용이 나를 놀라게 했다. 그 책은 데이비드 호킨스의 《의식 혁명》이다.

그 내용은 인간의 근육을 과학적으로 측정해서 그 사람의 현재 의식을 알 수 있다는 것이다. 그리고 인간의 의식을 0에서 1000까지 밝기로 나누어 계층화시켰고, 의식 수준이 높을수록 위대한 인생을 살아갈 수 있다고 주장했다.

'의식 지도'의 창시자인 그의 주장을 100퍼센트 그대로 신뢰할 수는 없다. 하지만 인간의 의식 수준을 과학적으로 측정하고 의식 수준에 따라서 삶의 내용과 질이 달라진다는 사실을 밝힌 것은 큰 업적이다.

그의 주장을 토대로 볼 때 인간의 부와 성공은 그렇게 중요한 것이 아니다. 부자가 되고 성공했다고 해도 삶의 내용이나 질이 형편없는 사람들이 적지 않다. 한순간 어처구니없는 실수로 평생 일구어온 부나 성공, 명성을 물거품으로 만드는 사람들도 많다. 이들은 의식 수준이 낮다는 공통점이 있다. 자신의 역량이 못 받쳐주는 높은 자리나 명성은 하루아침에 사라질 수밖에 없는 그런 신기루에 불과한 것이다.

공자는 세속의 기준으로 볼 때 실패자에 가까웠다. 평생을 '집 잃은 개'라는 별명처럼 살았다. 그러나 그는 학문과 교육에 몰두하여 후세를 바꾸어놓았다. 그의 의식 수준이 그만큼 높았기 때문이다. 공자가 세상의 부와 명성, 성공에 연연하지 않고 자신의 삶을 살아갈 수 있었던 당당한 힘은 7의 높은 의식에서 나왔다.

의식이 달라지기 위해서는 의식이 필요하다

의식이 달라지기 위해서는 의식이 필요할 수밖에 없다. 아무리 많은 돈을 벌어 부자가 된다고 해도 그 사람의 의식이 바뀌는 것은 아니다. 이와 마찬가지로 정치적으로 줄을 잘 서거나 고위직 사람들에게 잘 보여서 높은 직위를 얻었다 하더라도 그 사람의 의식 수준이 높아지는 것은 절대 아니다.

노예들이 아무리 평생 호화스러운 부자나 고위층의 집에 살면서 일한다 해도 그들은 여전히 노예일 수밖에 없다. 이처럼 의식이 낮은 이들이 아무리 높은 지위를 얻고 부와 명성을 누린다 해도 사람 그 자체는 전혀 바뀌지 않는다.

하지만 인간의 의식을 바꾸기 위해서는 주위 환경이 꼭 필요하다. 그중에서도 의식이 뛰어난 이들을 사귀는 것이 가장 큰 효과를 낳는다. 그런데 보통 사람들은 인맥 관리를 잘하더라도 자신의 수준을 크게 뛰어넘는 사람을 깊게 자주 만나기 힘들다.

하지만 독서는 다르다. 도서관에서 수많은 책을 읽으면 세계 최고의 의식 수준을 가진 이들을 자신의 인맥으로 쉽게 만들 수 있다. 더 좋은 점은 원할 때마다 그 책들을 보며 하루에도 수십 번씩 그들과 만남을 가질 수 있다는 것이다.

도서관에 있는 수만 권의 책은 모두 나의 스승이자 인맥이다. 그래서 그 책들과 친해지다 보니 책을 쓸 수 있는 작가까지 된 것이다.

세상에서 가장 단단한 광물인 다이아몬드를 가공하기 위해서는 반드시 다이아몬드만을 사용해야 한다. 다이아몬드의 강도가 너무 높기 때문이다. 이와 마찬가지로 의식을 향상시키기 위해 필요한 것은 의식밖에 없다.

마음을 단련하고 정신을 집중하는 것과 의식 수준을 높이는 것은 다르다. 하지만 어느 정도 연관은 있다. 마음을 단련하고 정신을 집중하는 것은 말 그대로 기초 체력 훈련이다. 하지만 의식이 높은 것은 수영을 할 수 있거나 스키를 탈 수 있는 것처럼 무엇인가를 할 수 있는 상태가 높은 것을 의미한다. 예를 들어 스키를 잘 타기 위해서는 반드시 체력도 받쳐줘야 한다. 하지만 체력이 좋은 것이 스키를 잘 타는 것을 의미하지는 않는다. 스키를 잘 탈 수 있게 되면 그때부터는 언제든지 자신이 원할 때 스키를 즐길 수 있다.

이처럼 의식이 높은 사람은 필요할 때나 자신이 하고 싶을 때 무엇인가를 해낼 수 있는 위력을 내면에 가지고 있는 사람이다. 부자가 되거나 성공할 수 있는 충분한 힘을 가지고 있음에도 그런 것들에 연연하지 않기에 산속으로 들어간 사람들을 보라. 동양에서는 노자와 같은 현인이 있고 서양에서는 헨리 데이비드 소로가 있을 것이다.

이들은 평범한 사람들보다 의식 수준이 높았던 이들이다. 그렇다면 평범한 사람들이 의식을 높이기 위해서는 어떻게 해야 할까? 나는 두 가지를 제안한다. 여행과 독서가 그것이다.

옛말에도 "만 권의 책을 읽고 만 리의 길을 다니면 세상을 보는 눈이 넓어져서 인생을 잘 살 수 있게 된다"고 했다. 여기서 세상을 보는 눈이 넓어진다는 것은 결국 의식 수준이 높아지고 인생과 세상에 대한 통찰력이 커진다는 것을 의미한다.

책을 읽을 때 의식이 필요하다고 말하는 것이 의식 독서법이다. 그리고 독서를 통해 얻어야 할 것은 지식이 아니라 의식의 확장이다. 그래서 내가 주장하는 의식 독서법은 결국 의식에서 시작해 의식으로 끝나는 독서법인 셈이다.

칼이 칼을 날카롭게 할 수 있고 다이아몬드로만 다이아몬드를 가공할 수 있는 것처럼 인간에게 가장 중요한 부분인 의식은 의식을 통해서만 단련되고 향상될 수 있다.

그런데 문제는 의식 독서를 하지 않는 사람들은 의식이 향상되는 효과를 얻지 못한다는 데 있다.

독서법에 대한 옛사람들의 비유 중 우물 이야기가 있다. 우물을 파는 사람들을 세 종류로 나누면 먼저 석 자 정도만 땅을 파서 진흙을 발견하고 그것으로 아궁이를 수리하고 좋아하는 사람, 둘째 여섯 자까지 땅을 파서 구정물이 나오는 것을 발견하고 그것으로 청소하는 사람, 마지막으로 아홉 자까지 땅을 파서 맑고 상쾌한 식수를 발견하는 사람이 있다.

그런데 지금 독서를 하는 사람들 중 대부분은 우물을 판다고 하고서는 석 자나 여섯 자 정도까지만 파고 끝낸다. 그것으로 지식이나 정보를 얻고서 좋아한다. 정말 인생에 필요한 식수와 같은 의식을 기르고 향상하는 데까지 가는, 즉 아홉 자까지 땅을 파는 독서를 하는 사람은 드물다.

의식이 달라지기 위해서는 또 다른 의식이 필요하다. 그런데 독서를 통해 어떤 이들은 아홉 자까지 땅을 파서 새롭고 다양한 의식의 세계를 만나고 경험한다. 그래서 자신의 의식을 향상하고 확장한다. 하지만 다른 대부분의 사람들은 독서를 통해 새로운 지식이나 정보를 얻는 것에 만족하고 좋아할 뿐이다.

선조들의 의식 독서법을 발견하다

의식 독서를 통해 의식이 향상될수록 세상에 대한 탐욕이 사라진다. 그래서 제대로 독서를 할수록 부와 성공에 대한 집착이 사그라들고 독서 그 자체에 빠지게 된다.

이것은 의식이 높아질수록 세상의 부귀영화에 매이지 않게 되기 때문이다. 우리 선조들 중에는 의식 독서를 통해 세상의 지위나 부귀와는 전혀 상관없이 가치 있는 삶을 누리면서 위업을 달성한 위인들이 적지 않다.

임금이 되었음에도 지금의 고3 수험생들보다 더 지독한 독서를 한 세종대왕, 세상의 부귀영화와 전혀 관계없는 유배지에서 18년 동안 실학을 집대성하고 500여 권의 중요한 저서를 집필한 다산 정약용, 벼슬을 마다하고 평생 책을 읽고 1000여 권의 책을 저술한 혜강 최한기 등이 그 대표적인 인물이라고 할 수 있다.

우리 선조들은 모두 책을 읽기 전에 자세를 바로잡고, 마음을 집중하여 독서하는 것을 매우 중요하게 여겼다. 맹목적으로 읽는 사람보다 의식을 집중해서 읽는 사람이 훨씬 더 많은 것을 얻고 이룰 수 있다는 것을 잘 알았기 때문이다.

책을 읽는 사람은 두 손을 모으고 똑바로 앉아 공경히 책을 대해야 한다. 마음을 통일하고 뜻을 모아 골똘히 생각하고 깊이 두루 살펴

뜻을 철저히 이해하되 모든 구절마다 반드시 실천할 방법을 찾도록 해야 한다.

위의 글은 또 다른 독서 고수인 율곡 이이가 《격몽요결》에서 밝힌 독서를 하는 사람의 자세이다. 가장 중요한 대목은 마음을 통일해야 한다는 부분일 것이다.

담헌 홍대용도 《여매헌서》에서 눈으로만 책을 읽는 것을 경계하면서 마음을 다해 정신을 한데 모아 읽어야 함을 다음과 같이 강조했다.

책을 볼 때에는 한갓 눈만 책에 붙이고 마음을 두지 않으면 또한 이득이 없다.

정신을 한데 모아 책에 쏟아붓는다. 이렇게 하기를 계속하면 의미가 나날이 새롭고 절로 무궁한 온축(蘊蓄)이 있게 된다.

책을 읽을 때 (……) 몸을 흔들어서도 안 된다. 몸을 흔들면 정신이 흐트러진다.

조선 시대 정조대왕은 규장각을 만들어 선비들이 독서에 집중하게 했다. 이 규장각 선비들은 책을 읽을 때 왕이 들어와도 눈썹 하나 흔들리지 않았다. 그들은 책에서 손을 떼지 않았고 요지부동으로 독서에 집중했다. 규장각에 걸려 있는 다음 말은 이런 사실을 짐작하게 해준다.

객래불기(客來不起).

이것은 조선 후기 위대한 성왕인 정조가 규장각 학자들에게 하사한 말이다. 왕이 들어오더라도 독서를 멈추거나 일어나지 말라는 뜻이다. 우리 선조들은 그만큼 의식을 다해 집중해서 독서하는 것을 소중하게 여겼다.

책을 읽다가 휴대폰만 울려도 책에서 손을 놓는 얕은 독서를 하는 사람과 왕이 들어와도 그것을 의식하지 못한 채 책에 몰입하는 깊은 독서를 하는 사람은 차이가 날 수밖에 없지 않겠는가.

독서 고수들의 의식 독서법

아우구스티누스의 스승인 암브로시우스는 독서의 고수로 평가받고 있다. 그가 독서하는 모습은 여러 책에 묘사되어 있는데, 독서하는 기세가 책을 뚫어버릴 정도로 맹렬했다는 점에서는 공통적이다. 그 한 대목을 소개하면 다음과 같다.

책을 읽는 그의 곁에는 누구도 감히 접근조차 할 수 없었다. 손님들조차 예외가 될 수 없었다. 그의 두 눈은 책장을 뚫어버릴 듯했고, 그의 가슴은 두 눈이 읽는 각 구절의 의미를 무서운 기세로 파악하고 있었다.

'두 눈은 책장을 뚫어버릴 듯 강렬했다.' '가슴은 뜨거웠다.' '아무도 접근할 수 없었다.' 이것은 책에 완전히 몰입한 사람의 모습이다. 이럴 때는 누군가가 칼을 빼들고 서 있다 해도 눈 하나 깜빡하지 않고 책에만 몰두한다.

그래서 옛말에 뒤에서 누가 칼을 들고 서 있어도 절대 책에서 마음이 떠나지 않을 정도로 집중하고 마음을 다해 책을 읽어야 한다고 했던 것이 아닐까?

내가 제안하는 의식 독서법은 우리 선조들만 활용했던 것이 아니었다. 서양에서도 일찍부터 의식을 집중한 상태로 독서를 하는 것이 엄청난 효과가 있다는 사실을 발견했다. 그리고 그것을 토대로 다양한 독서법과 공부법을 발전시켜나갔다.

《책 먹는 독서》의 저자 크리스티안 그뤼닝은 책을 읽지만 말고 제대로 소화해야 한다고 주장했다. 그는 독일과 전 유럽에서 '그뤼닝 학습법'으로 돌풍을 일으킨 인물이다. 그는 이 책에서 후두부에 의식을 집중하는 생각의 통로가 있다고 주장했는데, 독서의 고수가 되기 위해서는 무엇보다도 통으로 읽어야 하고(의미 단위로 읽고 특히 여러 줄을 한꺼

번에 읽는 것), 그렇게 하기 위해서는 시선을 '광각'으로 펼쳐서 읽는 것이 중요하다고 강조했다.

그뤼닝의 주장 중 특히 중요한 내용은 집중한 상태에서 독서를 하면 모든 것이 달라진다는 것이다. 그리고 집중을 하는 데 중요한 신체 부위가 있는데, 후두부가 불쑥 올라온 부위가 그것이라고 한다. 그뤼닝의 말을 직접 들어보자.

> 효과적인 독서를 하는 데 중요한 부위는 뒤통수, 더 정확히 말해 후두부가 불쑥 올라온 부위에 자리하고 있다. 수많은 연구 조사에서 상급자들(독서 고수)은 이 부위에 확고한 집중력 지점을 가지고 있다는 사실이 입증되었다. 반면에 초급자들(독서 초보)은 집중력 지점을 이리저리 옮겨놓으며, 그것을 한곳에 맞추지 않는다. (《책 먹는 독서》, 146쪽)

> 글을 읽을 때 후두부의 이 지점에 관심을 집중시키면 편안한 각성 상태로 옮겨간다. 즉 시야가 넓어지고 의미 단위들을 파악하는 것이 더 쉬워진다. 눈의 움직임도 더 원활해진다. 읽어 들이는 능력이 향상되고 집중력이 높아지며 텍스트에 대한 기억력도 좋아진다. (위의 책, 150쪽)

그뤼닝은 뒤통수에 생각과 의식의 통로가 있다고 보았다. 따라서 집중력을 강화하는 마인드 컨트롤을 위해서는 이곳에 의식과 관심을 집중시켜야 한다고 했다. 그러면 편안한 각성 상태가 되어 시야가 넓어지고, 의미를 파악하는 게 더 쉬워지고 눈의 움직임도 더 원활해진다고 주장했다.

그와 함께 의식 집중을 강조하는 또 다른 독서법 전문가로는 폴 쉴리가 있다. 그는 자신의 책 《포토 리딩》에서 "후두부 위쪽에 의식을 집중하면 시야가 넓어지고 잡념이 줄어들면서 텍스트 이미지가 마치 빨려 들어오는 느낌을 받게 된다"고 말한다.

서양에서 입증된 의식 독서법과 골프공 연습 기법

크리스티안 그뤼닝은 집중력 강화를 위해 골프공 연습이라는 방법을 고안했다. 이와 함께 AT&T, IBM, 애플, 3M 등 미국의 수많은 대기업과 전 세계 30만 명 이상이 배우고 있는 폴 쉴리의 포토 리딩이라는 독서법도 의식을 집중하는 의식 독서법을 중요하게 다루고 있다.

잠재의식의 힘을 통해 사진(포토)을 찍듯이 책을 한 단락 혹은 한 페이지씩 읽을 수 있다고 말하는 폴 쉴리는 그러기 위해 몸과 마음을 이완시키고 편한 상태로 돌입해야 한다고 한다. 그렇게 신체가 이완되는 것은 잠재의식 활성화에 필수적이라는 것이다. 신체는 정신에 영향을 주고 또 정신은 신체에 영향을 준다는 것이다.

의식 독서법의 효과 중 하나는 의식을 집중해서 독서를 할 때 걱정과 불안이 모두 사라지고 뇌의 알파파가 형성되어 우뇌가 활성화된다는 것이다. 그리고 오랜 시간 독서를 해도 덜 지치게 된다. 폴 쉴리에 따르면 의식을 집중한 상태(이때 뇌의 알파파가 나와서 훨씬 더 편안한 각성 상태를 이루게 된다)에서의 독서는 평상시에 하는 독서와 질과 격이 다르다고 한다.

초보자들이 처음부터 이런 의식 독서를 하기에는 어려움이 있다. 그래서 폴 쉴리는 포토 리딩의 핵심 기법으로 귤 기법을 제안했다.

귤 기법은 마인드 콘트롤을 위한 준비 단계다. 먼저 귤을 양손에 쥐고 있다고 생각한다. 귤의 크기, 무게, 색깔, 냄새를 떠올린다. 그리고 오른손에서 왼손으로, 왼손에서 오른손으로 받는다. 이제 오른손으로 귤을 잡는다. 그런 다음 후두부 위쪽에 올려놓는다. 손으로 부드럽게 만져준 다음 손을 내리고 긴장을 푼다.

의식을 집중하기 위해 후두부에서 15~20센티미터 위에 있는 공간에 작은 귤이 있다고 상상해본다. 작은 공이어도 좋고 사과여도 상관없다. 후두부 위의 한 곳에 의식을 집중하는 것이 중요하다. 사람들은 집중하고 있을 때 자연스럽게 후두부 위쪽으로 의식이 옮겨진다. 심령과학에서 후두부 위쪽은 사람의 영혼이 빠져나가는 통로로 알려져 있다. (박찬영, 《성공과 행복을 부르는 좋은 습관 50가지》, 265쪽)

귤 기법을 통해 의식을 집중하는 방법을 요약해보면 다음과 같다.

① 양손에 귤을 쥐고 있다고 상상한다.
② 귤의 크기, 무게, 색깔, 냄새를 떠올린다.
③ 손을 번갈아가며 귤을 주고받는다.
④ 귤을 후두부 위쪽에 올려놓는다.
⑤ 손을 내리고 후두부 위쪽에 귤이 떠 있다고 상상한다.
⑥ 그 귤이 굴러 내려오지 않도록 후두부에 정신을 집중한다.

귤 기법과 거의 같은 맥락인 그뤼닝의 골프공 연습법에 대해서도 알아보자. 낮잠을 자고 나면 원기가 회복되는 것처럼 독서를 할 때 골프공 연습을 하면 집중력을 강화시킬 수 있다. 그리고 읽어 들이고 넓게 보는 능력이 향상된다. 그 연습 단계는 이렇다.

◎ 숨쉬는 것에 의식을 집중한다.
① 가상의 골프공 하나를 손에 들고 있다고 상상한다.
② 골프공의 무게를 느껴보고, 울퉁불퉁한 공의 표면도 느껴본다.
③ 그 공을 후두부에 올려놓는다.
④ 손을 자연스럽게 뗀다.
⑤ 마술을 부린 것처럼 후두부 위에 떠 있는 골프공을 상상해본다.
⑥ 숨을 들이쉴 때마다 후두부 위에 있는 골프공에 신경을 집중한다.

의식 독서법의 여러 가지 효과들

이제 의식 독서법의 여러 효과를 살펴보자.

이런 연습 방법이 익숙해지면 몇 초만 후두부에 정신을 집중시켜도 긴장이 완화되고 생각이 맑아지는 것을 경험할 수 있다. 귤 기법과 골프공 기법을 통해 의식을 집중하게 되면 이런 효과가 있다.

① 시야가 넓어진다.
② 잡념이 사라진다.
③ 편안한 각성 상태가 된다.
④ 글자 하나하나가 아닌 의미 단위로 텍스트를 읽어 들이게 된다.
⑤ 평소 때 독서보다 훨씬 덜 지치고 스트레스도 사라진다.
⑥ 집중력, 이해력이 강화된다.
⑦ 뇌 속 네트워크가 준비 상태가 된다.

의식 독서법의 효과 중 하나는 스트레스를 잘 관리할 수 있다는 점이다. 스트레스가 쌓이는 독서는 결국 효과 저하로 이어진다. 그래서 독서를 오랫동안 할 수 없게 만든다.

즐거움을 느끼는 일을 하면 엔도르핀이 생성되기 때문에 스트레스 물질인 아드레날린을 해소시킨다. 생명의 위협을 느낄 때 발산되는 것이 이 물질이다. 아드레날린이 발산되면 심장에 피가 몰린다. 다시 말해 도망가는 것에만 모든 힘과 에너지를 쏟을 수 있도록 온몸이 비상상태가 되어버리는 것이다. 그 탓에 우리 몸과 마음과 의식은 거의 '제로 상태'가 된다. 머리가 하얗게 된다는 말은 바로 이런 상태를 의미한다. 아드레날린은 치명적으로 뇌세포들 사이의 정보 교환을 차단해 버리고, 뇌 네트워크를 멈춰버린다. 이런 상태에서 책을 읽는다면 아무리 읽어도 시간 낭비인 것은 뻔한 이치다.

스트레스가 더 쌓이고 더 힘들며 어렵고 하품만 나온다. 그리고 이것이 다시 더 많은 아드레날린을 분비시킨다. 악순환이 반복되는 것이다.

많은 사람이 책만 손에 들면 수면제를 먹은 것처럼 느끼는 이유 중 하나는 책을 읽는 것 자체가 스트레스로 작용하기 때문이다.

하지만 독서력이 뛰어난 독서 고수들은 다르다. 독서 능력이 높을수록 독서가 스트레스가 아니라 즐거움이며 기쁨인 경우가 많다. 즐겁고 기쁜 일을 하면 누구에게나 엔도르핀이 생성된다. 그리고 엔도르핀이 생성되면 더 많이 즐길 수 있다.

그래서 독서를 즐거움으로 생각하고 밥만 먹고 독서만 하는 독서광들은 이런 즐거움에 빠져서 평생 독서를 할 수 있게 되는 것이다.

잠재의식의 힘을 극대화하라

철학자 중 누군가가 "탁월함은 습관의 결과"라는 멋진 말을 한 적이 있다. 그런데 탁월함은 눈에 보이는 행동들의 반복인 습관의 결과인 동시에 잠재의식의 결과이기도 하다. 오히려 반복된 행동을 하게 하는 가장 중요한 요소는 잠재의식일 수 있다. 잠재된 의식에 의해 자신이 좋아하는 것을 계속 반복하게 되기 때문이다.

잠재된 의식 속에서 끊임없이 행복을 꿈꾸고 갈망하는 사람은 평소에 자신의 인생을 행복한 일과 연관시켜 생각하려는 경향이 강할 수밖에 없다. 그 결과 그런 사람들은 알게 모르게 행복한 일을 생각하게 된다. 그리고 그러한 생각은 결국 그 사람을 행복하게 만든다. 그 인생도 행복한 인생으로 이끌린다.

이와 반대로 잠재된 의식 속에서 허약함과 병의 나쁜 영향을 많이 받은 이들은 항상 자신과 주위의 일들을 병과 연관시켜 생각하는 경향이 강하다. 이런 사람들은 자연스럽게 병에 대해 자주 생각하게 된다. 그 결과 병이 들거나 병과 매우 '친한(?)' 사람이 되어 버린다.

공부의 경우에도 의식의 힘이 알게 모르게 크게 작용한다. 의식적으로 '평생 공부할 것'이라고 생각하면서 하는 사람과 그저 '졸업장이나 자격증을 획득하기 위해 몇 년만 공부할 것'이라고 생각하는 사람의 학업 성취도는 4배나 차이 난다는 것을 앞에서 이야기했다.

'나는 수학과 하나'라는 의식을 심어주자 낙제생들이 모두 A학점을 받았다는 연구 사례 역시 의식의 힘으로 설명할 수 있다.

우리 선조 중 위대한 인물들을 보면 모두 평생 독서를 한 사람들이었다. 의식의 힘이 생물학적 조건을 뛰어넘는다는 사실은 이들을 통해서도 알 수 있다.

황희는 조선의 명재상으로 꼽힌다. 그가 영의정을 맡았던 20년 가까운 세월은 500년 조선 역사 중 가장 태평성대를 누린 시기로 평가받는다. 그런데 이 황희 정승은 무려 90세까지 책을 읽었다고 한다. 그 당시 평균수명은 40세 정도밖에 되지 않았다. 더구나 지금도 40~50대면 노안이 와서 책을 읽는 것이 힘들다. 이런 점들을 고려하면 황희 정승의 노익장 독서는 놀라운 일이 아닐 수 없다.

황희 정승은 어떻게 20년 동안이나 영의정으로 있으면서 조선 최고의 태평성대를 이끌 수 있었을까? 그리고 건강 관리를 어떻게 했기에 90세 나이에도 책을 읽을 수 있었을까? 나는 여기에 잠재의식의 힘이 작용했다고 생각한다. 황희 정승은 벼슬이나 부귀영화보다는 평생 책을 읽으려는 생각을 가지고 있었고, 또한 실천했다.

그는 관리들이 출세에만 눈이 멀어 매관매직을 일삼는 것을 보고 크게 탄식하며 벼슬에서 물러나 두문불출하며 책만 읽었다. 그러다 주위의 간곡한 권유로 백성을 위해 일을 하게 된다. 그러다 남원으로 유배를 갔을 때는 5년 동안 문을 닫아걸고 오로지 독서만 했다.

그 지독한 5년 동안의 독서 경험은 그가 69세에 영의정에 오를 때 준비된 재상이 될 수 있게 해주었다. 그래서 성군 세종을 잘 보필할 수 있었다.

아마 황희 정승은 잠재의식 속에서 평생 책을 읽겠다는 생각을 했을 것이다. 그리고 그러한 의식의 힘을 통해 본능적으로 안력(眼力)을 기르는 습관이 길러졌을 거라 상상해볼 수 있다. 그는 항상 눈을 지그시 감고 눈의 피로를 해소했고 양쪽 눈을 번갈아가면서 보는 방법으로 안력을 강화시켰다.

황희 정승은 의식의 힘을 알았고 의식을 집중한 독서의 위력을 잘 알았다. 그래서 기회만 생기면 두문불출했고 문을 걸어 잠근 상태에서 오롯이 의식 독서를 실천했다.

내가 의식의 힘을 이렇게 강조하는 이유는 현대인들이 너무 많은 잡념과 고뇌와 스트레스 탓에 의식의 힘이 거의 제로 상태가 되어가고 있기 때문이다. 아무리 열심히 일해도 정신을 하나로 집중할 수 없다면 그 일을 잘 해낼 수 없게 된다. 하지만 정신을 집중할 수 있다면 우리는 우리의 능력을 뛰어넘어 더 위대한 일들을 해낼 수 있다.

정신을 집중한다는 것은 그 일에 혼신을 다함을 의미한다. 그뿐만 아니라 의식적으로 무한한 힘을 무의식 속에서 끌어올릴 수 있도록 잠재의식의 힘을 이용한다는 것을 뜻한다. 가령 '나는 최고의 선수다'라고 의식을 다해 생각했던 박지성 선수처럼 말이다.

의식 독서법이란 단순히 의식을 집중해서 읽는 독서법이 아니다. 세상에서 가장 귀한 것이 독서이며, 그러한 행동을 평생 하리라는 의식을 항상 가지고 있어야 진정한 의식 독서법이 가능하다.

이러한 의식이 바탕이 되고 토대가 될 때 비로소 의식 독서법이 가능하다. 정신만 집중해서 독서한다고 해서 의식 독서가 될 수는 없다.

뇌를 춤추게 하는 독서법이 진짜다

나는 초서 독서법과 의식 독서법의 종합인 초의식 독서법이 한마디로 뇌를 기쁘게 하는 독서법이라는 사실을 우연히 발견하게 되었다.

초서 독서법을 통해 손을 사용하면 뇌 네트워크가 매우 활성화된다. 이것만 놓고도 초의식 독서법이 전뇌 독서법이라 말해도 전혀 과장이 아니다. 하지만 이것뿐만이 아니다. 의식 독서법을 통해 머리의 후두부에 신경을 집중시킬 때 우리의 뇌는 편안한 각성 상태가 되고 피로를 덜 느끼게 된다.

얼핏 생각하면 의식을 집중하면 더 힘들고 빨리 지쳐서 하루 10시간 이상 독서를 하는 것이 힘들 것 같다. 하지만 그렇지 않다. 내 경험을 미루어볼 때 일반 독서법으로 책을 읽으면 하루 서너 시간 독서하는 것도 매우 힘들게 느껴진다. 하지만 초의식 독서법으로 독서를 할 경우 뇌가 덜 지칠 뿐 아니라 오히려 더 강화된다는 사실을 감각적으로 알 수 있다.

이러한 사실을 뒷받침해주는 근거 중 하나는 글자 하나하나를 따라가면서 읽는 방법이 뇌를 가장 지치게 한다는 사실이다. 사실 이 방법은 한국 사람들이 초등학교 때 배운 독서 방법이다.

그래서 독서를 하면 잠이 온다는 것이 이론적으로 설명된다. 글자 하나하나를 읽는 독서 방법은 뇌를 피곤하게 만든다. 우리의 뇌 구조 때문이다. 우리의 뇌는 글자 하나하나를 인식하는 데 효율적이지 않

초의식(抄意識) 독서법 개관

다. 뇌의 능력은 그렇게 저차원이 아니다. 많은 정보를 동시에 인식할 수 있는 고효율성을 갖추고 있다.

지금 한국의 많은 성인이 자신의 뇌를 마치 어린아이가 처음 글자를 배우고 익힐 때 적합한 정도의 독서 방법에 맞추어놓고 있다. 그리고 그것에 길들어 있다. 그래서 KTX 같은 두뇌로 고작 동네 한 바퀴 도는 것과 같은 초보적인 수준의 독서를 하고 있다. KTX 같은 뇌는 신나게 자신의 속도대로 달릴 때 몇백 배 더 힘이 생긴다. 고속이 저속보다 더 쉽기 때문이다.

한 단어씩 읽는 초보적인 독서 방법으로 책을 읽으면 뇌는 지치고 싫증을 낸다. 당연히 수면제 효과가 나타날 수밖에 없다.

한 단어씩 읽는 것은 우리 뇌와 맞지 않는 독서법이다. 반면 초의식 독서법은 우리 뇌와 어울린다. 손가락을 사용하는 초서를 통해 뇌를 깨우고, 신경을 집중하여 극대화하는 의식 독서법을 통해 뇌를 최고로 편한 각성 상태로 만든다. 그래서 많은 시간 독서를 해도 덜 피곤하게 만든다.

정신을 집중해서 무엇인가를 하는 사람을 보라. 졸거나 다른 잡념으로 시간을 낭비할 때가 있는가? 이처럼 정신을 집중하면 뇌를 최고의 상태로 만들어 자신의 능력을 극대화할 수 있다.

피곤할 때 운동을 하면 피로가 사라지고 몸이 개운해지는 것도 같은 이치다. 우리 몸과 마음과 의식은 제대로 활동해주어야 더 나은 상태가 된다.

의식 독서법으로 시야를 확장할 때 시각적인 자극을 뇌에 충분히 줄 수 있다. 시각적인 자극을 통해 뇌는 흥분하고 흥미를 느낀다. 이해력과 집중력은 더 강화된다. 여러모로 볼 때 의식 독서법은 뇌 강화 독서법이라 할 수 있다.

| 7장 |

김병완의 초의식 독서법 5

초·중급 실천편

옛사람을 만날 수는 없지만,

옛사람의 책을 통해 그의 가르침을 받을 수 있으니

아니 읽고 어찌할 것인가?

_ 퇴계 이황

초서 독서법 따라 하기 : 독서 전·중·후 노트 작성법

앞에서 밝혔듯 초서 독서법에는 5단계가 있다. 하지만 초보자들이 막상 따라 하기는 쉽지 않다. 그래서 이번 장에서는 초서 독서법을 누구나 쉽게 이해하고 따라 할 수 있게 설명하려 한다. 특히 독서 단계를 '독서 전, 독서 중, 독서 후'로 나누어 서술하겠다.

'독서 전'은 본격적으로 책을 읽어나가기 이전 단계이다. 이때 독서를 본격적으로 하기 위한 준비 작업을 한다.

먼저 책 제목과 표지, 목차와 서문을 대강 훑어보면서 이 책의 내용과 주제가 무엇인지에 대해 생각해본다. 그리고 책 제목이나 주제와 관련한 자기 생각을 먼저 독서 노트에 기록한다.

보통 5분에서 10분 정도의 시간밖에 걸리지 않는다. 하지만 독서 전에 이런 과정을 거치느냐, 아니면 무작정 읽어 내려가느냐에 따라 독서의 효과가 크게 달라질 수 있다. 그러므로 결코 등한시할 수 없는 과정이다.

이 단계에서 자기 생각을 기록하고 책을 대충 훑어봄으로써 내용이 앞으로 어떻게 펼쳐질지 예측해본다. 목차의 흐름을 살피며 어느 부분에 책의 가장 중요한 내용이 서술되어 있는지를 파악한다. 책의 주제가 무엇인지도 살핀다. 그리고 책을 읽기 전에 책의 주제에 대한 생각과 예측을 노트에 기록한다.

자신의 수준과 엇비슷하게 맞는 책들은 위와 같은 '독서 전' 단계로 충분하다. 그러나 어려운 책일수록 책을 제대로 읽기 위한 준비 과정이 부족하다는 느낌이 들 것이다. 또한 어떤 책이라도 그 책에 대한 배경지식의 유무와 정도에 따라 책 읽는 속도와 깊이가 달라진다. 그러므로 독서 전 단계를 통해 그 책을 좀 더 잘 이해하는 것은 보다 깊은 독서로 나아가기 위한 필수적인 과정이 된다.

만약 어떤 책의 목차를 훑어보고 앞부분을 조금 읽어봤을 때 도저히 이해하기 어렵다면 그 책을 잠시 보류해두는 것이 현명한 방법이다. 이런 경우 나는 그 책과 같은 주제의 책 중 더 쉬운 책을 몇 권 정도 읽은 후 다시 그 책에 도전하기도 한다.

다음은 '독서 중' 단계이다. 이때부터 본격적으로 책을 읽기 시작한다. 노트를 펴고 제목과 저자, 출간일 등을 쓰면서 독서를 한다는 신호를 의식적으로 몸과 마음에 보낸다. 그러면 의식이 집중되고 정신이 맑아진다. 이 단계에서는 본격적으로 중요한 내용과 본문을 베껴 쓰면서 읽기 시작한다.

　독서 경험이 3000시간(하루 10시간씩 1년 정도) 미만인 사람은 베껴 쓴 내용과 자기 생각을 기록한 것이 7 대 3 내외의 비율일 것이다. 책에 따라서는 베껴 쓰기 비중이 80퍼센트를 넘을 때도 있다. 앞에서 여러 차례 강조했듯 베껴 쓰면서 읽을 때 여러 독서 효과를 누릴 수 있다. 특히 손을 사용하지 않을 때는 도저히 떠올리기 힘든 탁월한 생각을 할 수 있다는 점이 유용하다.

　몰입도가 높을수록 그 책의 내용이 좋다는 것을 의미한다. 그만큼 노트에 베껴 쓰는 양도 늘어난다. 심할 경우 손가락이 아플 정도로 베끼고 또 베껴야 할 때도 있다. 그렇다고 불평할 필요는 없다. 베낄 양이 많다는 것은 그 책을 통해 배울 내용이 많다는 것을 의미하기 때문이다.

　내 경우 노트에 제목만 써놓고 그 후 단 한 줄도 쓰지 못하는 책이 있다. 이럴 때는 내가 배운 것이 하나도 없거나 아니면 나의 수준을 훨씬 뛰어넘는 책을 읽은 것이다. 어쨌든 그 책을 통해 배운 점이 없다는 점에서는 마찬가지다.

　이 단계에서 책을 3분의 1에서 절반 정도까지 읽었는데도 별로 흥미나 감동이 생기지 않으면 굳이 끝까지 그 책을 붙잡고 있을 필요는 없다. 그런 책에 시간을 투자하기보다는 빨리 다음 책으로 넘어가는 것이 훨씬 더 현명하다.

　그런 책은 나중에 다시 봐도 된다. 그리고 그 책보다 훨씬 더 유익하고 흥미롭고 의미 있는 책들이 많다. 따라서 책 한 권에 목숨 걸 필요는 없다. 이런 책이라면 독서 노트에 한 줄도 채 쓰지 못한 채 다음 책으로 넘어갈 때가 다반사일 것이다.

'독서 중' 단계에서 베껴 쓰기와 자기 생각을 쓰는 비율은 독서 역량에 따라 점점 바뀐다. 초급일 때 7 대 3 정도였다가 독서 경험이 3000시간을 초과하면 5 대 5 정도로 비슷해진다. 그리고 6000시간을 지나면 자기 생각을 쓰는 양이 더 많아진다. 내 경우 지금 베껴 쓰는 비율은 10퍼센트가 채 되지 않는다. 내 생각을 적는 비율이 90퍼센트 이상을 차지하고 있다.

요컨대 '독서 중' 단계는 책의 내용을 베껴 쓰는 동시에 자기 기록을 만드는 과정이다. 독서를 하면서 생각한 것들, 깨달은 것들, 의식이 달라진 것들에 대해 기록한다. 그 책의 저자가 집필 과정에 쓰고 또 썼다면 초서를 하는 독자 역시 그 책을 읽으면서 쓰고 또 쓰는 과정을 거친다.

'독서 중' 단계가 끝났다는 것은 책을 거의 다 읽었음을 의미한다. 그런데 '거의 다 읽었다'는 말은 아직 다 읽은 것은 아니라는 뜻이다. 그렇다면 독서 전(全) 과정을 비율로 따져 보면 어떻게 될까. 아래와 같다.

독서 전 : 독서 중 : 독서 후
   1 :   6 :   3

이제 독서 후 과정에 관해 이야기할 차례이다.

독서 전, 독서 중, 독서 후 세 단계 중 가장 중요한 부분이 '독서 후'이다. 독서 후 과정에서 가장 많은 생각과 의식의 도약이 일어나기 때문이다.

나는 독서 후 단계를 위해 또 다른 독서 노트를 사용한다. 독서 중 단계에서 정신없이 책을 옮기고 생각을 쓰다 보니 노트가 썩 마음에 들지 않는다. 틀리게 쓴 것도 있고 잘못 쓴 부분도 있다. 그래서 도서관에서 책을 읽으면서 작성한 '독서 중' 단계의 독서 노트로는 만족하지 못하는 편이다.

이것은 내 성격에서 비롯된 것일 수도 있다. 그렇지만 나는 독자 여러분께 두 개의 노트를 작성하라고 추천하고 싶다. '독서 중' 단계에서 독서를 하면서 책 내용 위주로 노트를 작성했다면, '독서 후' 단계에서는 '독서 중' 단계에서 기록한 노트만을 보고 요약의 요약 과정을 거쳐 또 다른 노트를 작성해보라는 권유이다. 예를 들어 먼저 책의 핵심 문장을 하나만 쓴다. 그리고 핵심 내용, 저자의 생각, 책의 주장 등에 대해 정리한다. 여기에 덧붙여 자기 생각을 적는다. 내가 저자라면 어떻게 썼을까를 기록하고 책 읽기 전후로 달라진 의식과 사고에 대해서도 써본다.

가장 중요한 '한 문장 요약'도 '독서 후' 단계의 노트에 기록한다. 이런 '독서 후' 단계에서의 노트 기록은 책을 보지 않고 쓴다. '독서 중' 단계에서 기록한 것만을 보면서 그것의 10분의 1 정도 분량으로 기록한다. 나머지 부분은 책의 핵심 내용, 저자의 주장과 치열하게 맞서는 자기 생각, 자신이 저자라면 이 책을 어떤 다른 방식 혹은 다른 내용으로 쓸 것인지에 대한 생각 등을 기록한다. 이 단계에서는 가급적 새로운 내용을 노트에 기록하는 것이 좋다. 책에 있는 표현이 아니라 자신의 머리로 창조한 새로운 문장으로 노트를 작성하면 더 큰 의미가 있다.

독서 전·중·후 노트 작성법

제목 :	
저자 : 읽은 날짜 :	출판사 :
1단계 독서 전 단계 (10퍼센트)	- 먼저 제목과 표지, 목차와 서문을 대강 훑어보면서 이 책의 내용과 주제가 무엇인지에 대해 생각해본다. 이 책의 제목과 주제와 관련하여 자기 생각을 독서 노트에 기록한다. - 책을 읽기 전에 이 책의 주제와 내용에 대한 자기 생각을 기록한다. * '독서 전' 단계는 책을 제대로 읽기 위한 사전 지식을 빠르게 살펴보고 책을 제대로 읽어 내려가기 위해 준비하는 과정이다.
2단계 독서 중 단계 (60퍼센트)	- 독서 경험이 3000시간(하루에 10시간씩 1년 정도) 미만일 때는 베껴 쓰는 것과 자기 생각을 기록하는 것이 7 대 3 정도의 비율이다. - 독서 경험이 3000시간이 초과했을 때는 이 비율이 5 대 5 정도로 비슷해진다. 그러다 6000시간을 넘어서면 역전되기 시작한다(지금 나는 내 생각을 적는 비율이 90퍼센트 이상을 차지한다).

2단계 독서 중 단계 (60퍼센트)	– '독서 중' 단계의 노트는 책 내용이 70~80퍼센트 정도 기록될 것이고, 책의 내용에서 크게 벗어나지 못한다. * '독서 중' 단계는 독서를 하면서 베껴 쓰는 것과 독서를 하면서 생각한 것들, 깨달은 것들, 의식이 달라진 것들에 대해 적는 과정이다.
3단계 독서 후 단계 (30퍼센트)	– 약간의 시간이 흐른 후(나의 경우 도서관에서 독서하고 집에 돌아온 후 또는 그다음 날)에 새로운 독서 노트(독서 후 단계 위주의 독서 노트)를 사용하여 책을 보지 않고 자신이 기록한 노트만을 보면서 제2의 노트를 작성한다. – 가령 독서 중 단계에서 책의 핵심 문장을 10개 정도를 썼다면, 이 단계에서는 그중에서도 가장 핵심이 되는 것 하나만 쓴다. 핵심 내용과 저자의 생각과 책의 주장에 대해 자기 나름대로 정리한 후 여기에 자신의 생각을 덧붙인다. 자신이 저자라면 이 책이 어떻게 달라졌을 것인가에 대해 그리고 책 읽기 전과 후에 달라진 의식과 사고에 대해서도 적는다. – 가장 중요한 '한 문장 요약'도 여기에 기록한다. 독서 후 단계에서의 노트 기록은 책을 보지 않고 한다. '독서 중' 단계에서 기록한 것만을 보면서 그 단계에서 기록한 것의 10분의 1 정도 기록한다. 나머지 부분은 책의 핵심 내용, 저자의 주장과 치열하게 맞서는 자기 생각, 자신이 저자라면 이 책을 어떤 다른 방식 혹은 다른 내용으로 쓸 것인지에 대한 생각 등을 기록한다. 이때 새로운 내용으로, 즉 책에 있는 것이 아닌 자신의 머리로 만들어낸 내용으로 **노트를 작성한다**. * '독서 후' 단계는 책의 내용을 토대로 하되 책의 내용에서 과감하게 벗어나 자기 생각과 새로운 의식을 덧붙여 자신만의 책으로 재탄생시키는 과정이다. 따라서 책 밖의 내용이 70~80퍼센트 정도 포함되어야 의미가 있다.

필수 준비물 : 독서 노트와 필기구

독서 노트와 필기구를 준비해야 하는 이유가 있다.

우리는 독서를 하는 동안 '피리 부는 사람 앞에 놓인 뱀의 신세'와 같은 상황을 만나게 된다. 좀 더 과격하게 표현하면 저자가 손을 들라고 하면 손을 들고, 발을 들라고 하면 발을 들고, 고개를 숙이라고 하면 고개를 숙이는 그런 꼭두각시가 된다는 뜻이다.

유감스럽게도 어떤 책을 읽는다는 것은 그 책의 저자에게 두 손, 두 발을 다 들고 나아가서 공손히 그 사람의 사상적 노예 혹은 친구가 되어준다는 의미이기도 하다. 눈으로만 읽고 이해하고 수용하는 독서를 하는 사람들은 이 상태를 그대로 받아들이게 된다.

하지만 독서 노트와 필기구를 항상 옆에 둔 채 독서를 하는 사람들은 다르다. 피리 부는 저자 앞에 놓인 뱀이 되는 것은 마찬가지다. 그러나 뱀이 피리를 들고 피리 부는 이 앞에 당당히 맞서는 놀라운 일이 일어난다. 한없이 수용하는 독자 입장인 동시에 그 책의 저자를 자신의 독자로 만들기도 한다. 이렇듯 저자와 겨루는 치열한 독서를 위해서는 독서 노트와 필기구를 준비해야 한다.

필기하는 것은 생각만 하는 것과는 전혀 다른 차원의 행위다. 눈으로 책을 읽고, 이해하고 약간의 생각을 덧붙인 것만으로 그 책을 다 읽었다고 하는 사람은 100퍼센트 독자이다. 그는 100퍼센트 피리 부는 사람 앞에 놓인 뱀 처지를 벗어나지 못한다.

하지만 필기를 통해 역전이 일어난다. 뱀이 자신만의 피리를 불게 된다. 이때 상대방인 피리 부는 이는 뱀이 연주하는 피리 소리대로(필기하는 대로) 춤을 추는 상황이 벌어진다. 독서하며 필기하는 일은 꼭두각시 인형이 새로운 줄을 주인에게 연결하는 것과 마찬가지다. 이때는 인형이 주인을 움직이게 한다.

독서를 제대로 하기 위해서는 독서만을 해서는 안 된다. 독서를 제대로 하기 위해서는 독서와 초서를 병행해야 한다. 이 둘이 만나서 결국 또 다른 저술로 이어지게 해야 한다. 그렇게 독서와 초서를 병행하기 위해서는 항상 독서 노트와 필기구를 준비할 필요가 있다.

독서 체험 6개월 동안의 초보 독서법

11년 동안 몸담은 직장을 그만두고 도서관 생활을 시작한 이후 첫 6개월 동안 나는 거의 '독서 무능력자'에 가까웠다. 부끄러운 이야기이지만 사실이다. 나는 그때까지 40여 년을 살아오면서 독서다운 독서를 해본 적이 없었다. 그래서 나의 독서력은 초등학생 수준과 크게 다르지 않았다. 솔직히 그때까지 나 자신의 독서력이 어느 정도 수준인지 파악조차 못하고 있었다.

나는 정말 다행스럽게도 6개월 동안의 도서관 생활을 통해 한 가지 사실을 뼈저리게 배울 수 있었다. 내가 '독서 능력 제로 상태'라는 사실이다. 내 독서력의 실상을 그렇게 뼈저리게 느끼게 되자 그때부터 한 단계씩 천천히 올라갈 수 있었다.

그 후 6개월 동안은 초보 독서인으로서 새롭게 독서를 시작했다. 첫 6개월 동안은 아무리 읽고 또 읽어도 남는 것 하나 없었다. 그러나 그 후 6개월 동안은 초보 독서를 하면서 읽고 쓰기를 반복했다. 그때부터 많지는 않지만, 그래도 하나하나 뭔가를 축적할 수 있게 되었다.

이때의 내 독서 노트를 보면 베껴 쓴 부분이 상당히 많은 것을 발견할 수 있다. 하지만 독서력이 제로였던 내 처지에서 이 정도만 해도 눈으로만 독서를 할 때보다 훨씬 성장한 모습이었다.

우리가 독서법을 배우기 시작할 때(아니, 다른 모든 것들도 마찬가지지만) 가장 경계해야 할 사항은 조바심과 게으름이다. 《변신》의 작가 프란츠 카프카가 "모든 죄악의 기본은 조바심과 게으름이다"라고 한 것처럼 말이다.

자신의 독서력이 초등학생 수준이라는 것을 솔직하게 인정하지 못한다면 더 이상의 발전은 있을 수 없다. 하지만 그것을 솔직하게 인정했다 하더라도 그것만으로는 충분하지 않다. 조바심과 게으름 중 한 가지라도 있는 사람은 초급 독서 수준으로도 발전할 수 없다.

너무 많은 사람이 한 페이지를 한눈에 볼 수 있는 기가 막힌 스피드 독서법을 하루아침에 익히기를 원한다. 그리고 하루, 이틀 혹은 한두 번 연습으로 독서력이 고수 단계로 성장하기를 갈망한다. 하지만 세상에 그런 독서법은 절대 존재하지 않는다.

가장 큰 문제는 너무 조급하다는 것이다. 너무 큰 기대를 하고 너무 성급하게 서두른다. 몇 달 안에 독서의 고수가 되어 한 권의 책을 통으로 읽고 일목십행(一目十行)을 하고자 한다. 하지만 이렇게 조급한 사람들은 한 달도 안 되어 제풀에 지쳐 나가떨어진다. 이런 사람들은 절대 독서력이 향상될 수 없다.

'밑 빠진 독에 물 붓기' 식의 독서를 하는 사람이라면 아무리 빨리 책을 읽어도 소용이 없다. 시간과 노력을 투자하며 읽은 책을 통해 얻을 수 있는 것이 하나도 없기 때문이다.

그리고 그런 사람이 초보 수준의 독서 노트를 작성하면서 베껴 쓰기를 시작한다고 해도 급작스러운 변화가 일어나지 않는다. 독서 노트에 조금씩 내용을 채워가면서 꾸준히 해나가더라도 독서력이 바로 고수 수준으로 도약하지 않는다.

독서력이 폭발적으로 도약하는 단계로 접어들기 위해서는 최소한 1만 시간의 연습이 필요하다. 그 순간을 경험하기 위해서는 소가 우직하게 밭을 갈듯 지루한 경작을 반복해야 한다.

내가 독서 초보 6개월 동안 기록한 독서 노트를 보면 베껴 쓰기가 80퍼센트 이상이다. '베껴 쓰기를 하는 것과 하지 않는 것이 무슨 큰 차이가 있을까?' 하는 의구심을 갖는 분들도 계실 것이다. 그러나 감히 말하건대 말로 설명하기 힘들 정도로 큰 차이가 있다.

어린 시절의 피카소, 타이거 우즈, 모차르트 등도 베끼고 흉내 내며 연습했다. 그것이 당시 그들 수준에서 최고의 연습이었다는 사실을 기억해야 한다.

    독서력이 부족한 이들에게는 베껴 쓰며 읽기가 최고의 연습이다. 욕심을 내고 조급한 사람은 절대 이 방법을 사용하지 않을지 모른다. 하지만 가장 중요한 것은 기초 체력이다. 첫 6개월 동안은 베껴 쓰기 위주의 독서 노트를 작성해나간다. 그러다 어느 정도 숙달되면 그다음 단계의 독서 노트를 만들어가는 것이 자연스러운 순서이다.

한 권의 책을 읽었다면 한 문장으로 요약하라

    마오쩌둥이 "붓을 들지 않는 독서는 독서가 아니다"라고 말한 것처럼 나는 "한 권의 책을 읽었다면 한 문장으로 요약할 수 있어야 제대로 읽은 것이다"라고 말하고 싶다.

    중국에는 "손자천독 달통신"이라는 말이 있다. 《손자병법》을 천 번 읽으면 도통하게 된다는 뜻이다. 이렇게 도가 통하면 한 문장으로 요약하는 것이 어렵지 않다.

    우리나라에는 《손자병법》을 읽은 사람들이 적지 않다. 나는 강의를 하면서 청중 중에 《손자병법》을 읽은 사람이 있는지 묻곤 한다. 그때마다 많은 사람이 손을 든다. 그러나 이어서 "그것을 한 문장으로 요약해보세요" 하고 요구할 때, 그 자리에서 바로 자신 있게 응하는 이는 지금까지 한 명도 없었다.

《손자병법》에 대한 나의 '한 문장 요약'은 '싸움에서 이기는 법' 혹은 '지피지기 백전불태' 같은 것이 아니다. 내가 요약한 《손자병법》은 '자신을 보존하는 법'이다. 다시 말해 싸워서 이기는 것보다 싸우지 않고 이기는 것이 더 큰 승리이며, 승리보다 더 중요한 것은 보존이라는 뜻이다.

한 권의 책을 한 문장으로 요약하는 과정은 저자가 그 책을 쓰게 된 과정을 역순으로 되짚어보는 훈련이라고 할 수 있다.

작가는 인생을 살면서 어느 순간 하나의 생각, 하나의 문장, 하나의 견해에 크게 공감하고 그 뜻을 깊이 깨닫게 된다. 그리고 그 하나의 결정적인 문장과 생각을 수천 혹은 수만 개의 문장으로 만들고 그것을 엮고 이어서 결국 한 권의 책으로 써내는 것이다.

그렇기에 독자가 이것을 반대 순서로 파고들다 보면 작가가 가장 처음에 가졌던 원초적인 하나의 생각과 문장, 즉 책의 토대와 씨앗이 된 문장을 발견할 수 있다. 그것이 바로 독서를 통해 얻을 수 있는 가장 위대한 원석이며 최고의 가치다.

이렇게 저자의 생각과 견해를 하나씩 되돌아가면서 파헤치기 위해서는 무엇이 필요할까? 우선 책의 내용을 제대로 이해해야 하는 것은 물론이고 책 속에 담긴 내용뿐만 아니라 저자가 숨기려고 의도한 내용까지도 발견할 수 있어야 한다. 심지어 저자의 머릿속까지 들어갈 수 있어야 한다. 그러기 위해서는 생각하고 또 생각해야 함은 물론이고 많은 시간과 노력을 투자하는 것도 마다치 말아야 한다.

저자의 최초 생각, 최초 문장, 씨앗 문장을 발견하기 위해서는 저자에게 그리고 책에 다양한 질문을 던질 수 있어야 한다. 때에 따라서는 격렬하게 저자와 토론해야 한다. 때로는 저자를 설득해야 하고 때로는 자신이 양보해야 한다.

이런 치열한 과정을 수도 없이 반복한 후에야 비로소 한 권의 책이 한 문장으로 요약될 수 있다. 바로 이것이 우리 선조가 수백 번, 수천 번 반복해서 읽으며 암기해서 되새기고 생각을 멈추지 않았던 이유이다.

한 권의 책을 한 문장으로 요약하는 것은 한 문장에서 시작된 책 한 권을 완전분해하여 최초의 문장 하나만을 남기는 것과 같다. 그리고 그 문장이 바로 작가가 독자들에게 말하고자 한 핵심 메시지다.

독서 체험 1년 동안의 중급 독서법

1년 정도의 독서 경험을 쌓고 난 후 다음 1년 동안은 초보적인 초서법이 조금 더 확장되었다.

초급 초서는 베껴 쓰기가 80퍼센트 이상을 차지한다면, 중급 초서는 자기 생각, 느낌, 깨달은 점에 대한 기록이 50퍼센트 이상을 차지한다는 것을 발견했다. 따라서 중급 초서 독서법은 초급 때보다 훨씬 더 많은 생각을 하면서도 예전보다 덜 힘들다.

이렇게 무엇인가를 새롭게 생각해서 책에 없던 내용을 추가하는 일이 많아지는 것이 중급 초서 독서의 가장 큰 특징이라고 할 수 있다.

이때부터 나는 독서 노트를 하나 더 마련했다. 한 권은 독서할 때 베껴 쓰기용으로 사용했고, 다른 한 권에는 다양한 내용이 담긴 베껴 쓰기용 노트들을 주제별로 분류해 정리했다. 베껴 쓰기용 독서 노트가 30권을 넘어가자 쉽게 찾아보기 힘들어졌기 때문이다. 그리고 주제별로 한 번 더 요약하고 정리하고 싶은 생각이 들었다. 그래서 자연스럽게 정리용 노트가 별도로 필요해졌다.

1~2년을 책만 읽었다고 해서 갑자기 독서력이 괄목상대할 만큼 성장하지는 않는다. 이쯤에서 멈추거나 이 과정에서 독서와 초서를 등한시하는 사람은 고급 단계로 발전하지 못한다. 평생 초급이나 중급으로 남아야 할지도 모른다.

독서는 항아리에 물을 채우는 것과 같다. 그렇기에 조금씩 부은 물이 저절로 흘러넘치게 하려면 물독을 다 채워야 한다. 채우는 그 시간은 길고 지루할 수밖에 없다. (나 또한 그러한 길고 지루한 시간을 가져야 했다. 단, 나의 경우 중급 독서 기간 중 그나마 흥미로웠던 것은 이전까지는 한 번도 쳐다보지 않았던 분야의 책까지 다양하게 섭렵할 수 있었다는 점이다.)

중급이라고 해서 독서력이 갑자기 도약하지 않는다는 사실에 대한 인식이 필요하다. 대나무가 급속도로 성장할 수 있는 이유는 5년 동안 빛도 없는 축축한 땅속에서 기초를 다졌기 때문이다. 이와 마찬가지로 독서의 능력자가 되기 위해서는 몇 년 동안 기초를 다지는 독서를 해야 한다.

독서력의 향상을 위해 중급 과정에서는 지루하더라도 다양한 분야의 책들을 폭넓게 읽고 접해보는 훈련을 해야 한다. 나의 중급 독서 노트를 보면 마키아벨리, 마르크스, 존 스튜어트 밀, 장 자크 루소, 에밀 등 초급 때는 엄두도 못 내던 저자들의 책으로까지 독서 분야가 확장되었음을 알 수 있다.

하지만 그것이 전부이다. 독서 노트가 초급 때와 달라진 점은 베껴 쓰기의 양이 줄어들고 내 생각의 기록이 늘었다는 것과 다양한 책들을 접하기 시작했다는 것 외에는 없다. 독서력이 갑자기 도약했다는 특징을 찾아보기 어렵다.

모차르트도 아주 어린 시절부터 시작해서 장장 18년 동안 혹독한 훈련을 거친 후에야 비로소 〈피아노 콘체르토 9번〉이라는 걸작을 창작할 수 있었다는 것을 꼭 기억하자.

읽고 생각하고 쓰고 요약하라, 사행 독서법

독서를 하는 사람들에게 꼭 추천하고 싶은 게 있다. 사행 독서법이다. 읽고, 생각하고, 쓰고, 요약하기의 네 가지를 하라는 뜻이다. 이는 결국 초서 독서법을 의미하기도 한다.

읽는 것은 누구나 할 수 있다. 하지만 생각하기는 아무나 못 한다. 못 하는 것이 아니라 습관적으로 하지 않는 것이다. 그러나 하지 않는다는 것은 결국 스스로 못 하도록 자신을 가두는 것과 다름없다.

생각하는 것은 습관이 안 된 사람들에게는 매우 힘든 행위 중 하나이다. 너무나 많은 사람이 평생 어제와 별반 다르지 않은 오늘을 사는 이유는 바로 이 때문이다. 즉 '스스로 생각하지 않기 때문'이다.

스스로 생각하는 사람들은 매우 드물다. 뒤집어 말하면 스스로 생각하는 사람들이 부와 성공을 얻을 확률이 매우 높다는 뜻이 된다.

그런데 이 힘든 생각하기 행위를 도와줄 수 있는 게 두 가지가 있다. '걷기'와 '쓰기'다.

앞에서도 언급한 바 있듯이 동양인과 서양인은 문화의 차이 때문에 생각하는 방식이 다르다. 서양인들은 말을 할 때 사고력이 향상되는 문화이지만, 동양인들은 말을 안 할 때 사고력이 향상되는 경향이 있다.

그런 점에서 동양인이 서양의 유명한 사람들이 토론을 통해 사고력을 향상시킨 것을 그대로 흉내 내어도 효과를 보기 어렵다. 이는 동서양의 문화 차이를 제대로 이해하지 못한 경우라고 할 수 있다. 그러므로 동양인인 한국인에게 가장 적합한 독서법과 사고법은 따로 있다. 나는 우리의 사고력 향상에 가장 도움이 되는 방법 중 하나를 쓰기라고 생각한다.

쓰는 것과 산책하는 것에는 두 가지 큰 공통점이 있다. 첫째, 두 행위 모두 말을 할 필요가 없다. 둘째, 뇌를 깨워 활성화한다.

고대 철학자 중에 소요(逍遙)학파가 있었던 이유도 여기서 찾을 수 있다. 걷기와 쓰기는 생각을 좀 더 쉽게 할 수 있게 해준다. 그리고 기억하고 이해하고 집중할 수 있도록 도와주기도 한다. 그뿐만 아니라 쓰기는 생각을 정리하는 데도 효과가 크다. 일석삼조 이상의 효과가 있는 것이 쓰기다. 그러므로 읽기와 생각하기, 쓰기와 요약하기는 결국 쓰기를 통해 하나의 순환 체계를 이룬다고 할 수 있다.

사행 독서법은 글을 잘 쓰는 방법으로 유명한 삼다(三多)를 뛰어넘는다. 사행 독서법으로 좀 더 확장된 독서를 하면 독서력뿐만 아니라 집필력, 사고력, 통찰력, 표현력 등이 모두 향상될 수 있다.

서애 유성룡은 생각하지 않는 독서를 극히 경계했다. 그의 《서애집(西厓集)》을 보면 이를 쉽게 찾아볼 수 있다.

> 생각해서 터득한 내용이 아닌 것은 구이지학(口耳之學)이니, 비록 많다 하더라도 무얼 하겠는가. 어떤 사람이 입으로는 다섯 수레의 책을 외지만, 그 뜻을 물으면 멍하니 알지 못하는 이유는 다름이 아니라 생각하지 않았기 때문이다.

연암 박지원도 서애 유성룡과 같은 생각을 가지고 있었다. 물속에서 노니는 물고기가 물을 보지 못하는 것처럼 책 내용을 눈으로만 읽거나 혹은 입으로 달달 외우는 식의 독서법은 책 자체에 함몰되어버려 책이 전하고자 하는 핵심 메시지를 못 보게 한다고 경계했다. 즉 책 밖으로 나와서 책 전체를 관조하면서 자기 자신을 성찰할 수 있어야 한다.

우리 선조들이 강조한 독서법의 원리는 책을 눈으로만 읽거나 빨리 내용을 습득하는 빠른 독서가 아니라 생각하고 성찰하는 독서였다. 나는 생각하고 성찰하기 위해 가장 좋은 방법은 쓰기와 요약하기를 추가하여 사행 독서를 하는 것이라고 본다. 그리고 초서 독서법은 이 네 가지를 모두 포함하고 있다.

김병완의 독서 노트 변천사 I : 초급 때의 독서 노트*

나의 초급 시절 독서 노트를 보면 마음을 비운 채 베껴 쓰기로 점철돼 있다. 아기들이 걸음마를 배울 때 지치지 않고 계속해서 하듯 나 역시 6개월 내내 이 일만 했다. 보기에는 별것 아닌 것 같지만 6개월 동안 하면 자신의 독서력에 변화가 생김을 직관적으로 느끼게 된다. 이것은 독서의 기초 체력을 키우는 것과 같다.

초급 독서 노트 : 저자의 실제 사례 1

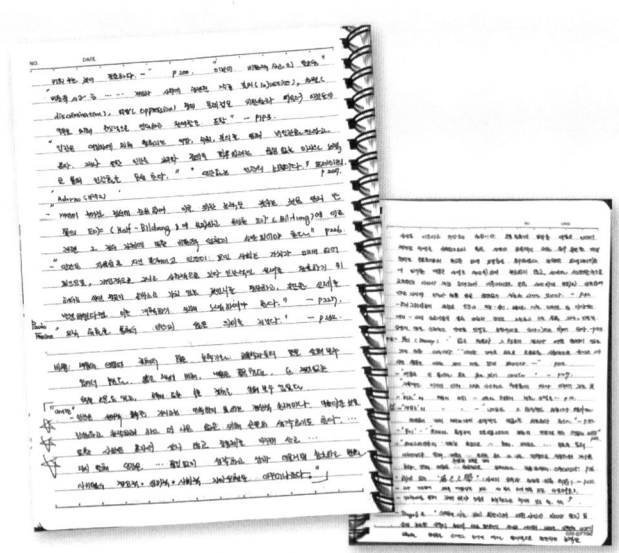

---

* 별면 처리된 '김병완의 독서 노트 변천사 I~III'에 수록된 노트 사진은 저자의 실제 독서 노트를 찍은 것이며, 이는 디자인상 작게 처리했다. 그리고 노트의 필기 내용은 별도 디자인으로 옆에 함께 실었다. 단 노트의 필기 내용은 현실감을 고려해 편집자의 교정·교열 작업 없이 그대로 옮겼음을 밝힌다. _편집자

✡︎✡︎✡︎✡︎✡︎

제목: 가르침과 배움의 철학
날짜: 9월 8일
저자: 심승환(교육과학사)

내용:
성 어거스틴은 인간의 궁극적인 깨달음이 바로 내면의 교사(inner teacher)에 의해 일어난다고 한다. 이 내면의 교사가 바로 공부하는 공부 경영인의 활동이 아닐까?

"홀로 조용한 가운데 반성하며 현실 생활에 있어서의 일과 인간관계 몸에 대한 깨달음을 얻게 되고 깊은 회의와 절망의 길에서 영적인 반성과 각성을 경험하여 참다운 평안과 기쁨, 희망과 사랑을 얻게끔 인도하실 것은 무엇(누구)인가?
자아(self)일수도 있고, 절대자일 수도 있다. 그러나 아무튼 이런 영적 생활을 인도하는 그 무엇이 있고, 이를 통해 깨달음과 변화, 인격적 습득이 있다는 것을 알 수 있다. 물론 내면의 교사이든 자아이든 그 존재는 분명 이전에 보고 들었던 무수한 지식과 경험을 축적하고 있을 것이다. 아무것도 없는 무에서 갑자기 그런 반성과 각성이 초래되었다고 보기는 힘들다. 삶에서 경험한 많은 사람들, 사진들, 사물들, 책 등으로부터 축적된 지식과 지혜가 영적인 성찰 및 계시와 어우러져서 이러한 각성과 변화를 일으키는 것이다." —p.32~33
→ 이상적 공부의 모습이 아닐까?

"학습의 학교의 정형화된 교육과정과 일정한 교재를 통해 특정한 교과목의 단편적인 지식 혹은 기술을 습득하는 협소한 의미로 받아들인다." —p.35

** "심지어는 심리학의 행동주의 학습이론의 영향으로 동물들이 일정한 자극에 의해 조건화되는 것도 학습으로 본다." –p.35

→ 학습은 이제 동물도 하는 것이다. 그렇다면 사람은 학습의 수준을 뛰어 넘어 동물들은 절대로 할 수 없는 그 무엇을 해야 하지 않을까? 그것이 바로 배움과 배움을 통한 자신의 재창조를 하여 *** 하는 것까지 나아가야 하지 않을까?

** "전통과 학교 등을 모두 부정한다면 과연 무엇으로부터 앎에 이르는 가? 여기에 대한 답을 데카르트는 직관(intuition)과 연역(deduction)으로 제시한다. 직관은 …… 인간은 모두 참과 거짓을 분별할 수 있는 이성의 능력을 타고났고 바로 이 능력에 의해 진정한 앎이 생성되는 것이다. – 단순히 교재의 내용이나 교사의 말을 흡수만 하고, 이러한 직관적 검증의 경험이 없다면 학생은 실제로 안 것이 아니다." p.43

"인지심리학에 입각한 학습이론들의 또 하나의 중요한 문제점은 배움에 있어 인간의 감정과 태도, 심미성과 영성, 활동과 체험 등의 복합적 요소들을 간과한 점이다. 인간의 배움은 지각(perception)과 오성(understanding), 사고(thinking)과 연역(deduction) 등의 인지적 영역의 발달로만 이루어지지 않는다. …… 정서와 감수성의 영역이 개입되고 이 영역의 발달에 의해 타인에 대한 배려(care)와 존중(respect)의 사회적 태도를 보다 성숙시킬 수 있다. 맹자는 물에 빠진 아이를 보고 안타깝게 여기는 것과 같은 측은지심이 바로 인(仁)을 이루는 단초가 된다고 보았다. 배움은 인간의 전인적 성숙을 추구하는데 이러한 성숙은 합리적이고 논리적인 사고로만 이루어지는 것이 아니다. 상대방의 처지를 공감하는 마음, 아름다움(형태적인 것뿐만 아니라 가치와 같은 무형태적인 것도 포함)을 좋아하는 마음, 인생의 의미와 목적, 고통과 죽음의 문제에 대한 깊은 성찰 등을 통해 감수성, 심미성, 영성을 증진시키는 것은 전인적 성숙을 추구하는 인간의 배움에 있어 필수적인 영역인 것이다. 이들이 없다면 고도로 발달한 인지능력만을 지닌 컴퓨터와 같이 합리적 문제해결능력은 갖추고 있되 인간사의 복잡한 감성적 영역들에 충분히 대처하지 못하는 불완전한 성장에 머물게 될 것이다. ……
정서와 함께 이성이, 이성과 함께 정서가 복합적으로 작용한다." p.52~53

"배우는 자 스스로의 자발적 의지와 노력이 수반되지 않는 행위는 배움이라고 할 수 없는 것이다." p.55

"교사가 자신의 만족 혹은 특정한 목적 달성만을 위해 학생을 가르친다면 이는 배움이라 할 수 없다." p.56 → 공부도 역시 마찬가지일 것이다.

"특정한 지식이나 기술의 습득이 일어났다고 하더라도 여기에 배우는 자의 주체적 노력이 수반되고, 전인적 성장이 이뤄지지 않는 한 배움이라 할 수 없다." p.56 → 군사 쿠데타 사병의 예

* 공부하는 사람의 태도와 자세가 중요시 되는 이유 -
"인간의 인격적인 성장은 반드시 관계(relationship)를 수반한다. 이 관계는 사람과 사람, 사람과 사물(환경동식물 등), 사람과 신, 사람과 추상적 개념 등의 사이에서 일어나는 가시적이고 비가시적인 연설, 상호작용을 지칭." p.63
→ 관계를 잘 맺기 위해 우선되는 것이 자신의 상처 치유이고, 편협한 생각의 비움이다. 치유된 자들만이 올바른 관계를 맺을 수 있다는 것은 진리이다. 자기가 상처난 상태라면, 누구와 관계를 맺어도 상처만 줄 뿐이다. 그러면 결국 이 사회가 상처뿐인 사회가 되는 것이다. 상처가 치유되고 행복한 사람은 만나는 사람마다 행복을 나누어주게 되어 있는 것이다. 그것이 세상사 이치인 것이다.

[마틴 부버(Martin Buber)는 인간이 세상에서 취하는 두 가지 태도로 "나-그것"과 "나-너"를 소개한다. 전자는 이용하려는 태도이고, 후자는 관계 그 자체를 지향하는 태도이다.

→ 공부 경영이 안되는 사람일수록 "나-그것"의 관계를 많이 형성한다. 인적 네트워크를 아무리 많이 가지고 있어도 이용의 수단으로만 보니까, 고독하고, 외로울 것이다. 양은 많아져도 질은 떨어지는 것이다. 우리 선조들은 작은 마을, 작은 인적 네트워크 안에서도 절대 외롭지 않았다. 그것은 양은 적어도 질적인 관계는 바로 "나-너"의 관계였기 때문인 것이다.
- 그래서 소통의 문제가, 중요성이 여기에 있는 것이다.]
- 논어(   )에서 공자는 "내가 성공하려면 남도 성공시켜주고, 내가 성취하려 하면 남도 성취하도록 도와주라."
- 예수도 "남에게..." 가르침은 바로 관계 지향적 관계 "나-너"의 관계를 말씀하시는 것이다. p.68

** (p.72) 프래그머티즘은 인간 정신은 세계와 독립되어 있고 실재는 고정불변한 것이라고 보는 전통철학에 반대하여 인간은 변화하는 세계와 끊임없이 상호작용함으로써 지속적으로 경험을 재구성하며, 이러한 경험의 재구성 과정을 통해 성장을 이룬다고 주장하는 관점이다. 전통철학에 입각한 배움은 인간이 객체인 세계를 사유함으로써 특히, 세계의 궁극적인 근원, 항구불변한 제일원리를 추론함으로써 확고한 앎에 도달함을 추구하였다. 반면에 프래그머티즘에 입각한 배움은 세계를 대상화하여 관조하지 않고, 세계와 쌍방향적으로 교류하며 나아가 직접 참여하여 이루어지며, 특히 세계의 변화와 상응하여 인간 자신의 인식과 행동 등을 끊임없이 수정해나가는 것이다." p.72

- 프래그머티즘의 관점은 인간이 외부-타인, 공동체, 서적, 인터넷 등 다양한 매체-와의 상호작용을 통해 반성과 갱신을 모색하고 이를 통해 지적, 인격적, 감성적, 영적, 신체적인 다양한 영역을 종합적으로 성장시키는 데에 둔다. p.73

** - 듀이(Dewey) - "앎은 행동과 그 행동의 결과가 어떤 관련이 있는지에 대한 인식이다." "이러한 인식을 토대로 불필요한 시행착오를 줄이고 더 나은 행동을 이끄는 것이 바로 앎의 요체이다." p.103

- "배움은 빈 통에다 물을 붓는 것이 아니다." p.107
"자율적인 의지에 의해 스스로 사고하고 행동함에 따라 이루어지는 것"
** - "퍼스"의 배움의 의미 - 사유와 행동의 변화 과정- p.111
*** - "제임스"의 배움의 의미 - "배움은 그 형식적인 과정이나 평가와 관계없이 반드시 배우는 자의 실제적인 변화를 수반해야 한다." p.112
- "듀이" - "유기체와 환경과의 상호작용으로서의 경험의 개념으로부터 학습의 의미" p.113
** - 프래그머티즘의 '경험'을 중심으로 - 첫째, 배움은 … 변화를 통해 이루어진다. 둘째, 배움은 … 올바른 혹은 더 나은 방향으로 수정하며 재구성한다. 셋째, 배움은 … 관념과 논변을 넘어 현실적으로 참여하고 적용하면서 이루어진다." p.116

** - 공자의 삶은 "爲己之學"(자신의 성숙과 완성을 위한 학문) p.151
→ 그가 가르침에 그토록 애썼다는 것은 제 몫을 하기 위한 것이 아닐까요? 가르침을 통해 자신의 성숙과 완성을 모색했다는 학자도 있는데...저는

-Siegel은 "어떻게 사는 것이 최선이며 어떤 사람이 되어야 할지 등 삶의 중요한 선택의 순간에 스스로 합리적인 결정을 내리며 자아를 실현해 나가기 위해서는 문제들을 근거와 준거에 따라 합리적으로 판단하는 능력을 키워주는 것이 필요하다." p.200 "이것이 비판적 사고의 필요성"

"비판적 사고는 …… 개인과 사회에 관련된 각종 불의(injustice), 차별(discrimination), 억압(oppression) 등의 문제점을 비판함과 아울러 이것들의 극복을 위해 현실적으로 연대하고 참여함을 포함" p193

"인간은 억압차에 의해 행해지는 억압, 착취, 불의를 통해 비인간화된다고 본다. 그러나 또한 인간은 자유와 정의를 회복하려는 끊임없는 의지와 노력을 통해 인간화를 달성한다." "인간화는 인간의 소명이다." 프레이리(Paulo Freire). p.207

'Adorno(1972)'

- "개인이 주어진 질서에 순응하여 이를 위한 능력을 갖추는 것은 단지 반쪽의 도야(Half-Bildung)에 불과하고 온전한 도야(Bildung)에 이르려면 그 질서 자체에 대한 비판적 성찰이 수반되어야 한다." p.226
- "인간은 자율성을 지닌 존재이고 인간이 모인 사회는 가치가 매개되어 있으므로, 개인적으로 그리고 사회적으로 보다 인간적인 실재를 창출하기 위해서는 과연 무엇이 올바르고 가치 있는 것인지를 판단하고, 부당한 실제를 발견하였다면 이를 개혁하기 위해 노력하여야 한다." p.227

Paulo Freire "오직 대화를 통해서 인간의 삶은 의미를 지닌다." p.232

비평: 배움의 의미에 대해서 많은 철학자와 교육학자들의 말을 살펴볼 수 있어서 좋았다. 얇은 책에 비해, 내용은 풍부했던, 단 재미없는 학술 논문도 있고, 공부에 대한 혹은 견해도 살펴볼 수 있었다.

☆☆☆☆

["머리말"-인간은 생리적 충족만 가지고는 만족하지 못하는 정신적 존재이다. 아름다운 것을 감상하고 창작하려 하고 더 나은 삶을 위해 골똘히 생각하기도 한다. … 또한 사람은 혼자서 살지 않고 공동체를 이루며 살고 … 다시 말해 인간은 … 끊임없이 생각하고 남과 어울리며 창조하고 변화시키면서 정신적·심리적·사회적 자아실현을 이루어나간다."]

초급 독서 노트 : 저자의 실제 사례 2

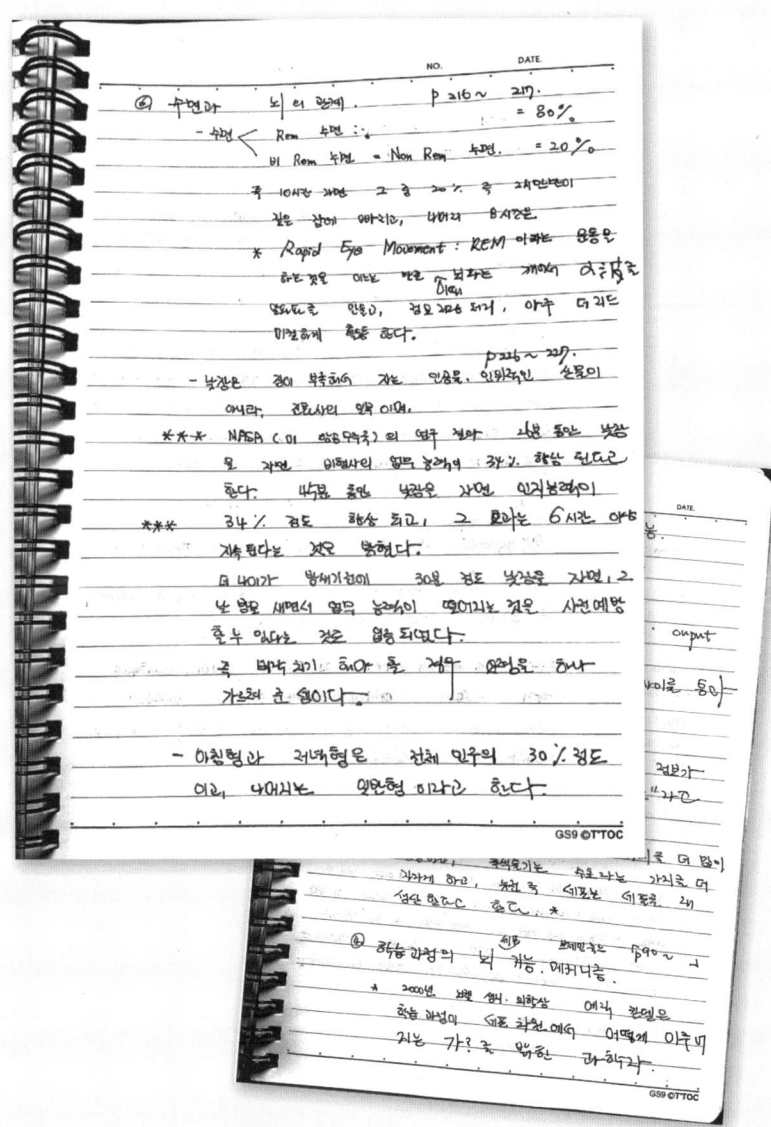

7장 김병완의 초의식 독서법 5 : 초·중급 실천편

제목: 브레인 룰스(Brain Rules) ☆☆☆ ×1000
날짜: 9.12
저자: 존 메디나 (2009)
프런티어
내용: 모든 것은 "두뇌"에 달려 있다.

1. 운동은 학습효과를 좋게 한다.
- 연구결과에 따르면 운동은 인지능력을 높여주고, 노인성 치매와 우울증 같은 정서질환의 예방에 효과가 높다는 것
- 운동이 기분에 미치는 영향이 높아서, 우울증과 불안장애 모두에 효과가 뛰어나며, 특히 나이 든 사람들과 병이 심각한 경우에 특히 도움이 된다.
- "운동은 두뇌 활동을 활발하게 해준다."
*** why: 운동이 두뇌에 끼치는 영향 - 두 가지
첫째: 운동 → (치아이랑) 두뇌의 한 부분 - 혈액량 증가 → 이 부분은 기억의 형성과 연관이 깊은 h해마라는 두뇌조직의 구성요소 부분 → 혈액의 양 증가하면 더 많은 뉴런이 혈액이 공급하는 음식물을 받아 먹을 수 있음. → 활성화.
둘째: 운동 → BDNF (뇌유래 신경 영양 인자) 자극 → 뉴런의 성장 촉진 → 뇌 세포 형성과 유지 → 더 나은 뇌 형성
- "운동을 하면 문제해결 능력, 주의력, 집중력, 억제력 등이 증진된다."

2. 뇌 구조의 자세한 설명
- 전전두엽: 인간의 고유한 "인지능력" 문제해결력, 추리력, 집중력, 억제력 을 관장한다. - p.69

-두뇌의 상세한 설명-

1. 뇌의 구조 – 1. 도마뱀의 뇌 – 두뇌의 줄기 – 뇌관+소뇌
　　　　　　　파충류의 뇌

　　　　2. 구 포유류 동물 뇌 = 편도체 + 해마(기억을 만들지만, 저장은 하지
　　　　　　않는 곳) + 시상
　　　　　　대뇌변연계 = 구피질　　단기기억 → 장기기억

　　　　3. 인간의 뇌 = 대뇌피질
　　　　　　　(=신피질)
　　　　　　　(대뇌)

→ 두뇌의 구조를 설명하는 데 몇 가지 모델 중 하나인 "삼위일체론" 뇌 이론

<뇌 기반 교수-학습 전략> p.28-41

2. 뇌 세포
　　　　┌ 지주세포
　　　　└ 신경세포 = 뉴런
　　　　　　　　＝ 뇌의 집적회로

즉 뇌력은 뇌 속의 세포 수가 많을수록 커진다. 즉 세포수가 많을수록 머리가 좋다는 얘기이다. 쥐는 500만개, 원숭이는 100억개, 인간은? 1000억개

3. 신경세포(뉴런)의 구조와 기능

* 구조: 수상돌기 - input
　　　　세포체 - 결정
　　　　축색돌기 - 보통 하나씩. output

* 기능: 신경전달물질이 뉴런 사이를 통과하는 것이다.

* 신경세포(뉴런) 간의 공간, 즉 전기적 정보가 통과하는 공간을 '시냅스'라고 한다.

* 운동을 하면 수상돌기는 새로운 가지를 더 많이 생성하고, 축색돌기는 수초라는 가지를 더 자라게 하고, 뉴런 즉 세포는 세포를 재생산한다고 한다.

4. 학습과정의 뇌 세포 기능, 메커니즘. (브레인 룰스 p.90~)

* 2000년 노벨 생리의학상 에릭 칸델은 학습과정이 세포 차원에서 어떻게 이루어지는가를 밝힌 과학자

- 공부를 하면 뇌 속의 회로가 변화한다. 뿐만 아니라 끊임없이 새로운 회로를 만드는 것이다.

- 두뇌는 근육처럼 작동한다. 많이 움직일수록 커지고, 복잡해진다. 강해진다. 좋아진다. (p.92)

5. 다중지능이론이 맞을까? (p. 100-101)

'다중지능이론'의 창시자 하워드 가드너는 7가지 범주의 지능이론을 제시했고, 오늘날까지 학자들 사이 소위 전문가, 권위자들 사이에서 논쟁은 계속되고 있다. 최근에 2가지 더 추가 …

그러나 확실한 것은 지능의 범주는 70억이 넘을 수 있다는 연구 결과가 나와 버렸다. 인간의 지문이 각기 다르듯이 …… 즉 우리시대 가장 위대한 신경 외과의사 중 한 사람인 그리고 '전기자극 맵핑' 기술의 전문가인 '조지 오르만'은 환자들의 '전기자극 맵핑'을 그리는 이유를 개개인마다 두뇌 속 회로 즉 기능별 부위와 크기와 모양 …… 이 다 다르기 때문에, 이 사람에게는 그 부위에 이런 기능을 하고, 다른 사람은 또 다른 부위에서 그 기능을 하기 때문이다라고 말한다. 이 데이터는 결론적으로 두뇌의 개별성, 천차만별임을 보여주는 극적인 사례이다.

65억 되는 지문이… 다 틀리듯…

6. 수면과 뇌의 관계 (p. 216-217)

- 수면: Rem 수면 = 80%
  비Rem 수면 = Non Rem 수면 = 20%

즉, 10시간 자면 그 중 20% 즉 2시간 만이 깊은 잠에 빠지고, 나머지 8시간은

* Rapid Eye Movement: REM이라는 운동을 하는 것을 이르는 말로 이때 뇌파는 깨어서 알파*波*를 만들고, 정보저장 처리, 아주 더 리드미컬하게 활동한다.

- 낮잠은 잠이 부족해서 자는 인공물· 인위적인 산물이 아니라, 진화사의 일부이며. (p.226~227)

*** NASA(미 항공우주국)의 연구 결과 26분 동안 낮잠을 자면 비행사의 업무능력이 34% 향상된다고 한다. 45분 동안 낮잠을 자면 인지능력이 34% 정도 향상되고, 그 효과는 6시간 이상 지속된다는 것을 밝혔다.
더 나아가 밤 새기 전에 30분 정도 낮잠을 자면, 그 날 밤을 새면서 업무 능력이 떨어지는 것을 사전 예방할 수 있다는 것도 입증되었다.
즉 벼락치기 해야 할 경우 요령을 하나 가르쳐 준 셈이다.

- 아침형과 저녁형은 전체 인구의 30% 정도이고, 나머지는 일반형이라고 한다.

- 아침형 10%
- 저녁형 20%
- 중간형 70%

일부: 4~5시간 자고, 생활에 불편없이 지내는 사람도 일부 있다.

** 저녁형은 저녁 6시쯤 정신이 가장 맑고, 늦은 저녁에 생산성이 가장 높다고 한다.

즉 창조적인 분야에서 성공한 어떤 전문가는 아침형이고, 어떤 전문가는 저녁형이고, 어떤 전문가는 중간형이고, 어떤 일부분은 4시간 자고, 평생 다른 사람처럼 생활한다고 한다. 천차만별이다. 이것은 우리의 두뇌가 두 뇌회로가 다 제각각이기 때문이 아닐까. (p.230~231)

→ p.235 유전자 연구가 조금더 발전하면, 혈액검사만으로도 각자 생산성이 가장 높은 시간대를 판단할 수 있다. 잠을 자는 것은 하루 동안 학습한 내용을 뇌에서 정보처리가 일어나는, 재학습의 시간인 것이다.

인간이 좀더 현명해진다면, 자녀들은 아침형, 저녁형에 따라 학교도 아침형, 저녁형 학교와 반 편성을 해야 한다. 낮잠 시간도 고3에게 반드시 일과표에 넣어야 한다는 것이다.

7. 스트레스와 두뇌 활동의 관계!

- 스트레스의 정의: 스트레스는 주관적 본질의 것이다. 누구에게는 공부가 즐거움, 짜릿함이고, 누구에게는 말할 수 없는 스트레스니까?

- 우리 몸은 반드시 스트레스에 반응한다.

- 스트레스는 집중력, 기억력, 인지능력을 전부 다 저해하고, 학습 효과만 저해하는 것이 아니다. 단기기억을 장기기억으로 바꾸는 중요한 역할을 하고 있는 해마가 새로운 아기 뉴런을 생산하지 못하게 방해도 하고, 해마를 죽일 수도 있다. 즉 심한 스트레스는 학생들의 학습을 도와주는, 학습의 중요 기능을 수행하는 바로 그 조직에 손상을 직접적으로 입힐 수 있다.

*** - 스트레스는 인간의 두뇌를 실제로 쭈그러들게 만들고, 그로 인해 인생이 쭈그러들게 된다.

- 부부가 좋은 관계를 가지고, 가정이 화목하면, 아이 성적은 올라간다.

- 직장 상사를 잘못 만나고, 결혼을 잘못해도 뇌는 "쭈그러든다" Why?
-스트레스-

김병완의 독서 노트 변천사 II : 중급 때의 독서 노트

초급이었을 때의 독서 노트와 이제 보게 될 중급일 때의 독서 노트는 약간 달라 보인다. 하지만 이것도 크게 다르지는 않다. 베껴 쓰기 부분이 많이 사라지고 생각하는 부분, 요약하는 부분이 많아졌다는 것과 다양한 책들을 읽었다는 점을 알 수 있을 것이다.

중급 독서 노트 : 저자의 실제 사례

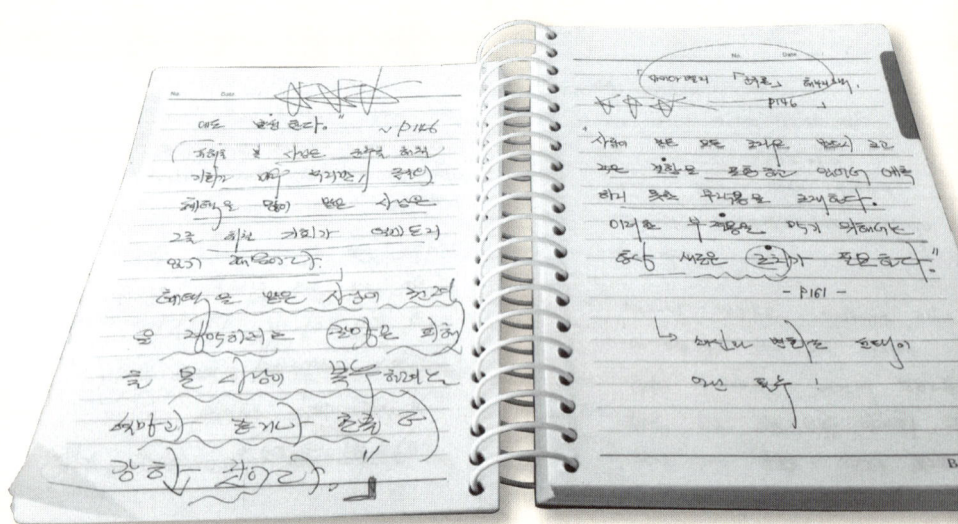

제목: 군주론. 니콜로 마키아벨리 (1469-1527)

"함정을 알아채기 위해서는 여우가 되어야 하고, 늑대를 겁주기 위해서는 사자가 되어야 한다."

"바티칸의 禁書"

"군주에게 가장 튼튼한 요새는 국민들의 지지와 사랑이다."

"서문"
"저는 이 글에 많은 저술가들이 흔히 그러듯이, 자신들이 다루는 주제를 묘사하고 장식하기 위한 화려한 구절이나 수나 양식 혹은 불필요한 기교를 사용한 장식적이거나 고상한 문장을 사용하지 않았습니다. 저의 글을 돋보이게 하거나 의미 있게 만드는 것은 소재의 다양성과 내용의 진지함 외에는 없어야 한다고 생각했기 때문입니다."

"뛰어난 지능과 천재성을 지니고 있지 않는 한, 일개 시민으로 살아온 그들이 통치하는 방법을 안다는 것은 거의 불가능한 일이기 때문에 그들은 통치방법을 모르는 것입니다.
게다가 그들에게는 우호적이며 충성스러운 세력도 없기 때문에 유지할 능력도 없습니다. 그러나 무엇보다 갑작스럽게 형성된 국가란 튼튼한 뿌리를 내리지 못하고, 급속도로 자라난 식물과 같아서 처음으로 맞이하게 된 악천후에도 쉽게 죽어버리고 말 것입니다."

"강력한 기반을 구축하라."

"권력은 자신의 힘으로 얻었을 때만 확고하다."
"심각한 상황을 빨리 깨달을수록 현명한 군주다."
"가해는 단번에, 선행은 조금씩 점차적으로 베풀어라."
"여우의 지혜와 사자의 힘을 갖춰라."
"지도자의 자질은 그 부하를 보면 안다."

".. 이러한 방법으로 권력을 얻을 수는 있겠지만 영광을 얻을 수는 없습니다."

"군주는 인간과 짐승의 성품을 갖춰야만 한다."

"군주는 함정을 알아차리기 위해서는 여우가 될 필요가 있으며 늑대를 깜짝 놀라게 하기 위해 사자가 될 필요가 있다."

"군주가 경멸 받게 되는 것은 변덕스럽고 경솔하며 여성적이고 소심하며 우유부단하다고 여겨지기 때문이며, 君主는 마치 암초를 피하듯 이러한 성품들을 경계해야만 합니다."

"군주는 당당함과 용맹함과 진지함과 강건함을 과시해야 하며, ... 자신이 내린 결정을 뒤집는 일이 없도록 해야만 합니다."

"음모를 저지하기 위한 가장 강한 대비책은 백성들로부터 미움을 받지 않는 것입니다."

"군인들의 잔혹함과 탐욕을 통제하는 것 타고난 자질이나 단련을 통해 군인들과 백성들을 동시에 통제할 위엄을 갖추지 못한 황제들은 항상 몰락했다."

"악행은 물론 선행으로도 미움을 초래할 수 있다는 점"

"군주는 자신에게 충성하는 측근이나 각료들에게 심각한 모욕을 주지 않도록 조심해야 한다." ☆
"시련이 위대한 君主를 만든다."
"君主에게 가장 훌륭한 요새는 백성이다."
"君主의 위엄을 지키면서 백성들을 즐겁게 하라."
"君主의 지혜는 측근을 보면 알 수 있다."

(p.186) "人間은 지적 능력에 따라 세 가지 부류가 있습니다. 첫번째는 세상의 이치를 스스로 이해하는 자이며, 두번째는 남들이 이해하는 것을 듣고 판단하는 자이고, 세번째는 스스로 이해하지도 못하고 남의 이야기를 듣고서도 이해하지 못하는 자입니다."

(p.188) "人間들은 자신과 관련된 문제에 대해서는 자만심이 강하고 스스로를 속이기 때문에 자기 기만이라는 질병으로부터 자신을 지켜내지 못합니다."

"자신의 힘과 재능으로 얻은 것만이 확실하다."
"운명의 반은 人間이 좌우한다."
"시대 정신에 부합해야 성공한다."
"운명은 대담하게 맞서야 한다."

"신중한 행동보다는 과감한 행동이 더 낫다고 확신한다." ☆☆

"운명은 여성이어서 그녀를 손안에 넣어두고 싶다면 때려 눕혀 거칠게 다루는 것이 필요하기 때문, 그녀는 냉철한 태도로 접근하는 사람보다 과감한 사람에게 더욱 많이 이끌립니다." ☆☆

"담대하게, 과감하게 결단하고 행동하라."

"그의 논의는 누군가가 만일 권력을 획득하고 싶으면 '냉철'해야 한다는 것이다. 그러한 행위가 선이건 악이건 그것은 전혀 다른 문제이며, 이 문제에 대해 마키아벨리는 관심을 갖지 않았다."

<서양의 지혜> 20세기 사상가 버트란드 러셀
→ "세상살이의 지혜를 제시하는 고전"

"지지 기반이 확고한 지도자는 상대가 함부로 공격하지 못한다."

"탁월한 재능도 없이 벼락 출세한 사람은 바탕이 없기 때문에 오래 가지 못하게 마련이다."

"어떤 지역을 점령한 지도자는 잔인한 수단을 한꺼번에 모두 동원해서 질서를 확보하는 반면, 날마다 잔인한 조치를 취하는 것은 피해야 한다."

"잔인한 수단을 한꺼번에 동원하고 그치면 주민들의 반감이 점점 약해지게 마련이다. 그러나 혜택을 베풀 때는 조금씩 점차적으로 베풀어야 한다. 그래야만 주민들이 그 혜택을 누리는 기쁨이 한층 더 커지기 때문이다."

"君主는 최소한 증오의 대상이 되어서는 안된다."
"君主는 함정을 알아채는 여우의 꾀와 늑대들을 물리치는 사자의 힘을 동시에 갖추어야 한다."

"君主가 경멸받는 이유는 변덕스럽고, 경박하며, 사악하고, 비겁하며, 결단성이 없기 때문이다."

"위엄과 신중함과 용기를 보여줄 때 이끌린다. 女子와 백성은"

"내부의 음모에 대한 최선의 방어책은 지배자가 대다수 사람들로부터 미움을 받지 않는 것이다."

"(현명한 지배자)는 적절한 기회가 생기면 적대세력을 교묘하게 자극하여 자기에게 대항하도록 만들고, 그들을 제압하여 위대한 명성을 얻는다."

"두 세력이 충돌할 때, 그 사이에서 중립을 지키는 지도자는 어리석다. 그의 진정한 친구는 자기편에 서라고 재촉하지만, 진정한 친구가 아닌 쪽은 그에게 중립을 지키라고 요구한다. 결단력이 없는 지도자는 눈앞에 닥친 위험을 우선 피해보려고 중립을 지키지만 대개의 경우 파멸하고 만다."

"아첨을 막는 유일한 방법은 아랫사람이 사실을 사실대로 말해도, 지도자가 절대로 화를 내거나 불쾌하게 여기지 않는다는 것을 모든 사람에게 알리는 것"

"지배자는 지나치게 신중하는 행동보다는 과감하게 운명에 도전하는 것이 더 낫다. 女子인 운명은 침착하고 신중하게 행동하는 사람보다 용감하고 과감하게 도전하는 사람에게 정복당하기를 더 원한다."

"사람이란 은혜에 보답하는 것보다 자기가 받은 피해에 대해 보복하기를 더 좋아한다." —로마 역사가 타치투스

"군중처럼 불안정하고 일관성이 없는 것은 없다."
—로마 역사가 티투스 리비우스

"때를 놓친 결정은 결정을 내리지 못한 상태와 똑같이 해롭다."
"때 늦은 결정은 아무에게도 도움이 되지 않을 뿐만 아니라 결정하는 사람 자신을 해친다."

"다른 사람을 위협하거나 모욕적인 욕설을 하지 않는 자는 매우 현명하다. 위협이나 욕설은 상대방의 힘을 절대로 감소시키지 못하고, 오히려 상대방이 한층 더 조심하게 만드는 한편, 그에 대한 증오심만 더욱 부채질하여 그를 해치기 위해 더욱 끈질기게 노력하게끔 만든다."

"적에게 모욕적인 욕설을 퍼붓는 것은 일반적으로 승리의 오만이나 승리에 대한 잘못된 기대 때문이다. 승리에 대한 잘못된 기대를 품게 되면 말뿐만 아니라, 행동도 잘못 하는 경우가 많다. 그것은 분별력을 잃어 말과 행동의 도를 넘어 확실한 이익을 버린 채, 불확실한 이익을 추구하기 때문이다. 그렇듯 지장들은 자신의 기대감 때문에 한계선을 그을 줄 모른다. 자신의 힘을 정확하게 파악하지 못한 채 과도하게 욕심을 부리다가 파멸을 자초하고 만다."

"군주가 어떤 사람의 생명을 위협하는 것은 그를 처형하는 것보다 더 위험하다."

"음모는 군주로부터 과도한 피해를 본 경우 뿐만 아니라, 과도한 혜택을 받은 경우에도 발생한다." (~p.146)

중급
7

[피해를 본 사람은 군주를 해칠 기회가 매우 적지만, 군주의 혜택을 많이 받은 사람은 그를 해칠 기회가 얼마든지 있기 때문이다.]
혜택을 받은 사람이 권력을 장악하려는 갈망은 피해를 본 사람이 복수하려는 열망과 같거나 한층 더 강한 것이다.]

[마키아벨리 <군주론> 해누리책, p146]

❀❀❀

"사람이 만든 모든 조직은 반드시 크고 작은 결함을 포함하고 있어서 예측하지 못한 부작용을 초래한다. 이러한 부작용을 막기 위해서는 항상 새로운 초치가 필요하다." (p.161)

→ 쇄신과 변화는 선택이 아닌 필수!

| 8장 |

김병완의 초의식 독서법 6

고급 실천편 및 BTMS 독서법

선비 아닌 사람이 없지만 능히 바른 자가 드물다.
누구나 책을 읽지만 능히 잘하는 자는 드물다.

_연암 박지원

독서 체험 2년 차의 고급 독서법

"누구나 책을 읽지만 능히 잘하는 자는 드물다." 연암 박지원의 이 말처럼 나는 1년을 넘게 책만 읽었지만 평범한 사람들보다 잘한다고 감히 말할 수 없는 수준이었다. 하지만 2년 가까운 시간을 꼬박 독서에만 매달려서 책과 하나가 되었다. 그렇게 600여 일 정도를 보내는 과정에서 독서력과 독서 방법에서 약간의 변화가 생겼음을 알게 되었다.

책을 읽는 방법이 달라졌다는 것은 결국 독서 능력에 변화가 생겼음을 의미한다. 그 당시 가장 큰 변화는 읽기 힘든 책도 어느 정도 덜 수고롭게 독파해낼 수 있게 되었다는 것이다.

물론 이것은 기초 체력 덕분이다. 독서의 기초 체력은 자신이 읽은 책의 양일 수밖에 없다. 100권도 읽지 않은 사람은 기초 체력이 부족하기에 다양한 주제와 형식의 책들을 쉽게 읽을 수 없다.

산전수전을 다 겪은 50대 남자가 상대적으로 인생 경험이 부족한 20대 청년보다 삶을 더 잘 살아낼 수 있는 이유가 바로 여기에 있다. 그래서 경험은 절대 무시할 수 없는 중요한 요소가 된다.

독서를 어느 정도 많이 한 독자들이 이 시점에서 가장 중요하게 시도해야 할 일은 폭넓게 독서하는 것이다. 만약 특정 분야의 책만 읽는 독자라면, 예를 들어 자기계발서나 에세이 혹은 소설 등 한정된 분야의 책만 읽는 사람은 독서 분야를 확장할 필요가 있다.

역사책도 읽고, 한국 선비에 관한 책에도 관심을 두고 동서양 위인들의 삶도 공부하는 것이 좋다. 그리고 철학, 음악, 미술 등 다양한 분야로 관심 영역을 확장해야 한다.

사실 독서 관심사가 넓어지는 것은 많은 책을 읽다 보면 자연스럽게 나타나는 현상이다. 독서를 하면 할수록 세상사 전반으로 관심의 폭이 확장되기 때문이다. 그래서 역사, 철학, 사회학, 경제학, 문학 등 다양한 분야의 독서를 하게 된다.

하루 10시간씩 1년 독서를 하면 초급 독서 수준을 벗어날 수 있다. 총 3600시간 중 명절이나 연휴 등을 빼면 3000시간가량 된다. 물론 사행 독서법을 위주로 한 초서 독서법을 했을 때 그렇다.

올바른 독서법으로 3000시간의 독서량을 초과한 사람은 이제 중급 독서력을 획득했다고 볼 수 있다. 이때부터는 읽는 책의 주제와 분야가 넓어지고 생소한 분야까지도 시도해보려는 시기다. 어느 정도 독서에 자신이 생기기 때문에 한 번도 읽지 않았던 분야의 책들을 읽는 단계로 나아간다.

한편으로는 한 우물을 더 깊이 파고 싶은 마음도 생긴다. 이는 독서 기술이나 역량과는 무관하다. 최소한 내 경우는 그랬다. 그래서 폭넓게 읽는 독서를 계속함과 동시에 한 가지 주제를 정해서 충분히 읽고 다음 주제로 넘어가는 독서를 병행하게 된다.

내 경우를 보면 '군주론'에 관심이 있을 때는 1주일이나 2주일 등 기간을 정해서 군주론과 관련된 책들만 골라서 넓고 깊게 읽었다. 그리고 독서 노트 한 권을 몽땅 다 군주론에 관한 내용으로 채우기도 했다.

어떤 때는 일정 기간 뇌과학에 관한 책들만 읽었다. 그래서 뇌과학에 대한 의식과 지식이 넘쳐나는 시기가 있었다. 한 명의 인물에 대해서만 집중적으로 읽을 때도 있었다. 또한 공부법에 관한 책을 집중적으로 읽기도 했고, 화가나 음악가에 관해 집중적으로 파고들기도 했다.

이처럼 초의식 독서법으로 3000시간의 독서량을 넘기면 그때부터는 폭넓으면서도 깊이 있는 독서의 단계로 들어선다고 볼 수 있다.

책과 책을 넘나들다

3000시간 이상 책을 읽은 중급 독서가들의 가장 큰 특징은 책과 책을 넘나들면서 최대한 많은 책을 섭렵한다는 것이다. 즉 제대로 된 다독을 하면서 방대한 책을 먹어치울 수 있다.

3000시간 이상의 독서 경험자들은 스키의 중급자들과 비슷한 양상을 보인다. 어느 수준 이상으로 스키를 탈 수 있게 되면 그때부터 슬로프를 넘나들고 스키장을 옮겨가면서 다른 성격의 스키 코스를 맛보고 싶어진다.

이와 마찬가지로 3000시간 이상의 독서 경험을 갖게 되면 다양한 책들을 맛보고 싶어진다. 바로 이때 독서가 세상에서 가장 기쁘고 즐거운 일이라는 사실을 깨닫게 되고 독서 삼매경에 빠져든다.

이 시기에 적합한 방법이 책과 책을 넘나드는 독서법이다. 전혀 다른 내용의 책들을 꼬리에 꼬리를 물듯 읽는 것이다. 나의 실제 경험도 그랬다.

독서 2년차가 되고 3000시간 이상의 독서 경험을 갖게 되면 독서에 대한 내공이 강화된다. 그래서 이 시기에는 한 주에 아무리 못해도 1권, 좀 무리를 하면 5권까지는 읽을 수 있게 된다. (나의 경우 처음부터 한 주에, 혹은 한 해 동안 몇 권을 읽겠다는 목표는 없었기 때문에 권수는 정확히 알 수 없지만, 중급 수준일 때 한 주에 2~3권 정도는 쉽게 읽었고, 많이 읽을 때는 5권 이상도 읽었다.)

그렇게 3년 정도 하다 보면 하루에 2~3권은 쉽게 읽을 수 있는 수준이 된다. 몸과 마음의 상태가 좋을 때는 하루에 5권까지도 큰 무리 없이 읽을 수 있게 된다. 이때가 바로 통으로 책을 읽기 시작하는 시점이다.

통으로 한 번에 읽어라

독서 경험이 6000~9000시간에 이르면 글자 하나하나를 읽지 않아도 내용을 다 이해하는 단계에 접어든다. 오히려 한 자씩 글자를 읽어가는 것이 힘들게 된다. 이런 현상은 고급 수준에 이른 독서가들이 마주하는 매우 놀라운 경험이다.

소설이나 역사서, 철학서 등은 상황이 좀 다르지만, 일반적인 자기계발서를 읽을 때는 글자 하나하나를 보지 않게 된다. 한두 단락을 통째로 읽어도 충분히 내용을 다 이해할 수 있기 때문이다. 이런 경지는 그 분야의 책을 최소 100권에서 500권 정도 읽었을 때 도달할 수 있다. 즉 통으로 한 번에 읽을 수 있다는 것은 그 분야 책들에 대한 기초 체력과 기초 시간이 탄탄하게 쌓여 있다는 의미다.

나의 사례를 하나 소개하겠다. 나는 뇌과학을 전공한 사람이 아니다. 그런데 뇌과학서를 수백 권 이상 읽고 나자 그다음부터는 어지간한 뇌과학서는 통으로 읽을 수 있었다. 웬만한 것은 다 아는 내용이었고 용어와 개념도 익숙했기 때문이다.

이 단계가 되자 말 그대로 카멜레온식 독서법이 가능해졌다. 즉 소설을 읽을 때와 역사서를 읽을 때 자세가 달라졌다. 철학서와 자기계발서를 읽을 때도 다르게 읽을 수 있었다(인문학 독서법에 대해서는 필자의 졸저《기적의 인문학 독서법》을 참조하기 바란다. 인문서를 읽는 방법에 대해 많은 것을 얻을 수 있을 것이다).

이 세상의 모든 책을 통으로 읽을 수는 없다. 하지만 70~80퍼센트 이상의 책은 통으로 읽을 수 있고 그렇게 읽어도 무방하다. 특히 요즘처럼 자기계발 위주의 책들이 많은 시대에는 더 그렇다고 할 수 있다.

통으로 한 번에 읽는 것에 대해 오해하는 사람들이 많다. 이것은 특별한 기술이 아니다. 탄탄한 내공에서 자연스럽게 우러나는 것이다. 다른 분야에서도 이런 현상을 발견할 수 있다. 스키를 잘 타는 사람들은 자기 식대로 타더라도 신기한 묘기를 선보이면서 타는 것처럼 보일 때가 많다. 달인 김병만도 마찬가지다. 그에게 남들과 특별히 다른 방법이 있는 것은 아니다. 그럼에도 시간과 노력을 적게 들이면서 훌륭한 결과를 얻는다.

통으로 읽는 것 역시 이와 마찬가지다. 그 책을 읽기도 전에 그 내용의 80퍼센트 이상을 다 파악한 상태이다. 그래서 더는 그 책을 읽는 데 많은 시간과 노력을 투자하지 않아도 된다. 이미 많은 책을 통해 독서 내공을 쌓아둔 사람은 이것이 가능하다.

그런데 독서 내공이 없으면서도 빨리 실용적으로 책을 읽으려는 사람들이 있다. 이들은 욕심이 앞서기 때문에 결국 편법(?)을 사용하게 된다. 내공을 충분히 쌓지 않은 채 빨리 읽으려는 성급한 마음에 실용 독서를 추구하다 보니 방법론에 치우친다. 그리고 그러다 편법까지 사용하게 된다. 이 시대의 씁쓸한 세태와 각박한 현실을 잘 보여주는 현상이다. 또한 늘 시간에 쫓기는 슬픈 현대인들의 자화상이기에 더욱 안타깝다.

나 역시 이런 독서법으로 독서를 하지 않았다고 자신할 수 없다. 나야말로 한국의 평범한 중년이기 때문이다. 편법(?)으로 독서하는 사람들이 선호하는 방법 중 대표적인 것을 보자. 먼저 책의 목차와 서문, 앞표지와 뒤표지를 읽고 신속하게 책에 대해 평가한다. 그러고 나서 자신이 관심 있거나 필요한 부분만을 목차에서 선별해 읽는 것이다.

항상 시간에 쫓기는 바쁜 현대인들의 독서 스타일이 이런 식으로 변해가는 것은 일종의 시대상이라 할 수 있다. 하지만 독서할 때 경제적 원리만을 따지면 근본적으로 득보다 실이 크다. 의식의 확장과 삶의 근본적인 변화라는 개인 성장을 이룰 수 없기 때문이다. 그리고 이런 태도는 책이라는 인류 문화의 귀중한 자산에 대한 모독이라 할 수 있다.

책을 통으로 읽는 것은 이런 편법과는 원천적으로 다르다. 통으로 읽으면 책을 다 읽지 않아도 그 책 내용이 처음부터 끝까지 다 눈에 들어온다. "문리가 트인다"는 말이 이런 뜻이 아닐까 하고 생각한다. 문리가 트여야 세상을 꿰뚫어보고 성공할 수 있다고 한다. 그런데 이렇게 문리를 트기 위해서는 총명한 머리만으로는 부족하다. 남들보다 더 많은 시간과 노력과 에너지를 투자해야 한다. 세상에는 공짜가 없다. 다산 정약용도 '부지런하고 부지런하고 부지런하면 안 될 것이 없다'는 삼근계(三勤戒)를 강조했다. 자신을 둔하고 꽉 막히고 답답한 자라고 여기는 제자를 가르치기 위해 다산은 다음과 같이 말했다.

오로지 부지런히 노력하면 안 될 것이 없다. 부지런하고 부지런하고 부지런하라.

통으로 한 번에 읽기 위해서는 독서에 대해 문리가 트여야 한다. 그리고 그렇게 하기 위해서는 노력이 필요하다. 독서 고수들의 경험담을 듣는 것만으로는 불가능하다. 스키 고수가 멋지게 슬로프를 내려오는 것을 아무리 본다 해도 스키 실력이 늘지 않는다. 자신이 직접 스키를 신고 초급 코스나 중급 코스에서 배우고 익혀야 한다. 그런 훈련 과정을 거쳐야만 스키 고수가 될 수 있다. 독서도 같은 이치다. 초급·중급 독서 단계를 은근과 끈기로 밟아야만 한다.

독서 고수가 되지 못하는 이유는 단 한 가지다. 능력이나 재능이 부족해서가 아니다. 6000~1만 시간의 끈기를 투자하지 않았기 때문이다. 그런 시간을 투자하는 데 시간과 노력을 아끼지 않는 사람은 결국 독서의 고수가 될 수 있다.

책과 독서는 절대 배신하지 않는다. 올바른 독서 자세와 방법으로 땀과 노력을 투자한 사람에게 탁월한 성과로 보답한다.

"모르는 책이라도 열 번을 읽으면 문리가 트인다"고 옛 현인이 말한 바 있다. 많은 책을 많이 반복해서 읽고 그만큼 많은 시간과 노력을 투자하라는 의미다. 열 번, 백 번을 읽은 후에 다시 그런 종류의 책을 보면 통으로 읽을 수 있다. 그런 책이 많아질수록 처음 읽는 책인데도 통으로 읽을 수 있는 것들이 늘어난다.

열 권의 책을 동시에 읽는 법

독서법 강의를 하면서 한 가지 안타까운 현상을 보았다. 한국인들이 너무나도 천편일률적으로 독서를 한다는 점이다. 정해진 틀과 방식, 의무감에 매여 힘들고 어렵게 독서를 한다. 이런 모습을 볼수록 내 마음은 정말 답답해진다. 세상에는 우리가 생각지도 못한 기상천외한 독서법이 너무나 많기 때문이다.

어떤 독서 고수들은 열 권의 책을 동시에 읽는다. 이렇게 읽으면 저자가 만들어놓은 틀과 사고의 흐름에서 벗어나지 못하는 수동적인 독서, 한 권의 책에 함몰되는 독서, 시간적인 제약을 받는 독서에서 벗어날 수 있다. 독자가 독서의 흐름을 주도하면서 책을 읽게 되고 한두 권의 책에 함몰되지도 않는다.

그리고 책과 책을 넘나들며 책들을 저울질하면서 읽을 수도 있다. 여기에 자기 생각과 성찰이 가미되어, 독서는 수동적인 행위가 아니라 그야말로 능동적이고 창조적인 행위로 도약하게 된다.

책을 읽다 보면 어떤 책은 진도(?)가 잘 나가지 않는다. 그럴 때 끝까지 붙잡고 읽는 것도 나쁘지 않다. 하지만 2보 전진을 위해 1보 후퇴하는 것도 괜찮다. 어쨌든 그 책을 다 읽겠지만 지금 잠시 그 책을 보류해놓고 다른 책을 먼저 읽는 것이다. 이때는 가볍고 유쾌한 주제의 책을 읽거나, 아니면 이미 읽었던 책 중에서 자신이 좋아하는 책을 다시 꺼내서 읽어도 좋다. 옛 선조들은 좋은 책은 수백 번 읽었다고 했다.

정말 좋은 책, 자신에게 감동을 주고 의식을 확장시켜준 책은 결코 잊을 수 없고 자주 찾아서 읽고 싶기 때문이다.

책 열 권을 동시에 읽는 방법에도 다양한 스타일이 있다. 나는 과거에 읽은 책 한 권과 처음 읽는 책 아홉 권을 묶어서 주제가 전혀 다른 책을 동시에 읽기도 한다. 이때 첫 번째 한 권이 마중물 역할을 한다. 만약 같은 주제의 책 열 권을 동시에 놓고 읽으면 그야말로 자신이 독서의 신이 된 것 같은 착각에 빠지게 된다. 하지만 이것은 착각이 아니다. 실제로 자신이 그만큼 능동적인 창조가가 되었다는 것을 의미한다.

열 권을 동시에 읽을 때는 책과 책을 넘나들면서 열 권의 책이 마치 한 권의 책인 것처럼 읽는다. 그러면 열 명의 저자는 결국 통합적인 한 명이 된다. 그렇게 확장시키다 보면 이 세상의 모든 책은 단 한 권의 책이 되고, 이 세상의 모든 저자는 통합적인 위대한 저자 한 명이 된다.

그래서일까. 나는 언제부터인가 한 권의 책은 한 페이지 혹은 하나의 문장이라는 생각을 하게 되었다. 이는 세상에 존재하는 수없이 많은 책이 결국 단 한 권의 책일지 모른다는 생각에서 비롯된 것이다.

열 권을 동시에 읽는 독서법이 어떻게 이루어지는지 살펴보자.

먼저 도서관에서 '자본론'이라는 주제를 가지고 검색해보자. 《원숭이도 이해하는 자본론》부터 자본론의 세계적인 권위자가 쓴 두껍고 난해한 자본론 책들까지 많은 책이 검색된다. 여기서 수준의 차이가 확실하게 나는 책 열 권을 선택한다. 그리고 나서 그 열 권을 찾아서 책상에 가지고 온 후 가장 수준이 낮은 책부터 순서대로 진열한다.

이제 '열 권 동시 독서'의 준비 단계가 1차적으로 완성되었다. 다음으로 자본론에 관해 지금까지 내가 가지고 있었던 짧고 부족한 생각과 견해를 노트에 적어본다.

책 읽기 전 단계를 수행하고 나서 자신의 수준에 대해 생각해본다. 그러고 나서 의식을 집중하기 위해 눈을 감고, 혼신을 모으고 나서 열 권의 책을 뚫어지게 쳐다본다. 책을 기선제압하기 위해서가 아니다. 책을 읽기 전에 책의 내용을 꿰뚫어보기 위해서이다. 물론 이 과정에서 기선제압이 다 된 것 같기도 하다.

책을 읽을 때 굳이 기선제압까지 필요한 것은 아니지만, 자신의 마음을 하나로 모으는 일은 반드시 필요하다. 주자 독서법의 첫 단계가 의식을 집중하는 '거경지지(居敬持志, 정성된 마음으로 성실함을 지킨다)'였다고 한다.

이런 과정이 끝나면 읽으면서 먹어치우고, 소화하고, 연결하고, 저울질하고, 수용하고, 체험하고, 생각하고, 성찰하는 단계를 본격적으로 진행한다.

한마디로 정신이 없는 상태라고 할 수 있다. 즉 지금 자신의 머리가 어떤 책에 있는지도 모르고 독서에 빠져들게 된다. 한순간 이 책에 있다가 불현듯 또 다른 책으로 넘어간다. 마치 나비나 꿀벌이 이 꽃 저 꽃을 넘나들며 꿀을 채취하면서 꿀에 취하듯 책에 취하게 된다.

이런 과정을 거쳐 책들을 여러 번 반복해서 읽는다. 때로는 정독하고 때로는 핵심을 꿰뚫어본다. 첫 번째 책에서 시작해 마지막 책까지 처음에는 빨리 훑어보면서 그 책들의 내용 중에 50퍼센트를 뽑아낸다. 그러다가 두 번째 읽을 때는 70퍼센트를 뽑아낼 수 있다.

그렇게 반복 읽기를 최소 3회 이상 한다. 보통 5회 정도 하면 주제인 '자본론'에 대해 새로운 생각이 떠오르고, 저자 열 명의 견해가 무엇인지 어렴풋이 알게 된다.

그때부터 제대로 정독하기 시작한다. 한 권씩 차근차근 읽어 내려가다 보면 보통 때의 자신이라면 도저히 던질 수 없는 질문들을 던질 수 있게 된다. 그제야 비로소 독서다운 독서가 시작된다. 그때를 놓치지 않고 노트에 기록해두어야 한다.

끊임없이 질문하고 대답하고, 다시 질문하고 대답하는 과정을 거치면서 동시에 필기까지 하는 것이다. 그야말로 엄청나게 바쁜 시간을 보내게 된다.

지루해질 틈이 없다. 시간 가는 줄 모르고 열 권의 책에 빠져들면서 엄청난 것을 배우고, 무서운 질문을 던지게 된다. 그 순간 나는 나 자신을 넘어선다. 어떤 책을 통해 나는 그다음 책에 놀라운 질문을 던질 수 있게 된다. 그리고 그 질문에 답할 수 없었던 나를 넘어서서 다음 책 혹은 그다음 책을 통해 그 질문에 답하는 나 자신을 만나게 된다.

책과 책을 넘나들면서 열 권의 책을 동시에 읽는 것은 열 명의 나 자신을 눈앞에 정렬해놓고 그들과 만나는 것과 같다. 책 열 권을 동시에 읽는 것은 홀로 열 명의 사람을 동시에 만나는 것과 같다. 한눈을 팔거나 자칫 잘못하다가는 망신을 당하고 시간만 낭비하게 된다. 마치 호랑이를 마주한 자세로 책을 대하고 정신을 모으면 결국에는 내가 주도하게 된다.

잠시라도 한눈을 팔면 주도권을 뺏긴다. 그리고 그때부터 헤매기 시작한다. 그러면 그 순간부터 독서의 맛을 잃고 수동적인 독서를 하게 된다. 즉 끌려가는 독서, 패잔병처럼 숨은 붙어 있지만 살아 있다고 하기 힘든 독서, 버티는 독서를 하게 된다.

그때는 과감하게 멈추어야 한다. 효과가 없고 시간 낭비인 독서가 되기 때문이다. 그렇게 되는 여러 가지 이유가 있다. 컨디션이 좋지 않을 때는 독서에 성공하지 못한다. 그래서 몸을 항상 강하게 유지해야 한다. 몸과 마음은 하나라는 사실을 잊지 말아야 한다.

공부를 많이 한 우리 선조 중 장수한 이가 많다. 그 이유는 그들이 운동을 열심히 했거나 영양 공급이 좋았기 때문이 아니다. 나는 책을 통해 정신이 항상 새로워졌기 때문이라고 생각한다. 뇌가 늙지 않아야 몸과 마음이 늙지 않는 것이다.

열 권의 책을 동시에 읽는 과정이 끝나면 가장 중요한 단계가 남는다. 열 권의 책을 한 권으로 생각하고 그 한 권에 대한 독서 노트를 만드는 것이다. 내가 초의식 독서법이 어려운 일반인들을 위해 고안한 현대식 초의식 독서법 'BTMS 독서법'으로 독서 노트를 작성하면 독서를 훌륭히 마무리할 수 있다.

일석삼조의 효과를 누리는 이 독서 스타일을 더 효과적으로 만드는 것이 BTMS 독서 노트 작성법이다. 이 장의 마지막에서 이 독서법에 대해 설명하면서 실제 독서 노트 작성 예를 밝혔다.

뛰어넘는 독서를 하라, 출입 독서법

독서는 모름지기 나가고 들어가는(出入) 법을 알아야 한다. 처음에는 들어가는 곳을 찾아야 하고 마지막에는 나오는 곳을 찾아야 한다. 보고 자기 것으로 만드는 것을 '입서법(入書法)'이라 하고, 활용한 다음 뛰어넘고 벗어나는 것을 '출서법(出書法)'이라 한다. 그 책에 들어가지 못하면 옛사람의 마음 씀씀이를 알 수 없고, 그 책에서 빠져나오지 못하면 그 글 밑에 깔려 죽는다. 들고 나는 것을 아는 것이야말로 제대로 된 독서법이다. 《문슬신화(捫蝨新話)》, 김영수, 《현자들의 평생공부법》, 37쪽, 재인용)

책을 처음 읽을 때는 반드시 책 속으로 들어가야 한다. 책의 핵심이 무엇인지, 저자의 주장이 무엇인지 알아야 한다. 그러기 위해서는 반복해서 읽고 사색해야 한다. 그리고 어느 정도 깨달음이 생기면 그 책을 뛰어넘어야 한다.

한 권이라는 분량을 뛰어넘어 한 문장으로 요약할 수 있어야 할 뿐만 아니라 그 책이 주장하는 작은 세계에서 벗어나 그 책을 뛰어넘어야 한다. 그렇지 않으면 그 책이 주장하는 한정된 의식과 정신의 세계에서 벗어나지 못하고 갇히게 된다.

어떤 책을 읽어도 그 책이 주장하는 바의 노예가 되어서는 안 된다. 책이란 무서운 힘을 가지고 있다. 한 책의 노예가 되어버리면 다른 많은 책이 그 책을 위한 참고서로 전락한다. 이미 마음이 그 책에 사로잡혀 있기 때문이다.

우리 선조 중 과거에 급제했음에도 벼슬길을 멀리한 채 초야에 묻혀 책과 벗하며 독서와 집필에 몰두한 선비가 있다. 조선 후기의 문인 항해(沆瀣) 홍길주 선생이다. 조선 말 최고 지식인 중 한 명으로 평가받는 홍길주가 쓴 4부작 비망록 중 하나인 《수여방필(睡餘放筆)》을 읽어보면 기가 막힌 이야기가 많다.

재주는 부지런함만 같지 못하고 부지런함은 깨달음만 같지 못하다.

즉 깨달음이 있는 자가 부지런한 자보다 훨씬 더 독서를 잘할 수 있다는 것이다. 백 권의 책밖에 읽지 못했어도 훌륭한 깨달음을 얻은 자는 좋은 책들을 쓸 수 있지만, 천 권의 책을 모두 외운 자라도 그렇다 할 깨달음을 얻지 못하면 단 한 권의 책도 쓰지 못한다.

이것은 책 속에 파묻혀버려 그 책의 내용에서 벗어나고 뛰어넘지 못했기 때문이다. 깨달음은 그 책의 글자 하나하나를 모두 외운다고 해서 얻을 수 있는 것이 아니다. 그 책을 뛰어넘어야 얻을 수 있다.

평범한 선비는 처음부터 글자 하나하나를 다 읽지만, 그 알맹이는 알지 못한다. 하지만 깨달음이 있는 선비는 손 가는 대로 읽어도 그 책의 알맹이가 있는 부분에서 저절로 눈길이 멈춘다. 그래서 책을 다 읽지 않고 본문을 뛰어넘어 핵심만 읽어도 그 책을 글자 하나하나 빠뜨리지 않고 모두 읽은 사람보다 더 효과적으로 책을 읽게 된다.

독서 고수들은 자신의 의식을 뛰어넘는 독서를 한다. 그 결과 외부 세계를 의식할 수 없을 정도의 몰입 독서마저 뛰어넘어 무의식의 세계, 즉 책의 세계로 온전히 빠져들어 독서를 하는 경향이 있다.

자신의 현실 세계에서 벗어나 자기 자신을 뛰어넘는 독서, 그래서 무의식의 세계로 빠져들 수 있는 독서, 책의 세계로 들어갔다가 나올 수 있는 독서가 바로 '출입 독서법'인 것이다.

헬렌 켈러가 독서를 통해 지고의 순간을 경험한 것이 이 경우일 것이다. 나 역시 이러한 지고의 순간을 경험한 적이 있기에 자신 있게 말할 수 있다.

여기서 특별히 강조하고 싶은 점이 있다. 제발 독서의 틀에 매이지 마라! 어떤 이는 반드시 정독을 해야 한다고 강조한다. 독서의 세계에 꼭 정독해야 한다는 규칙 따위는 없다. 반대로 누군가는 속독을 해야 좋다고 강조한다. 그러나 나는 속독을 하지 않는다.

정독해야 할 책이 있다. 그때는 정독하는 것이 좋다. 반대로 그냥 맛만 보아도 되는 책도 있다. 어떤 경우에는 자신의 독서 수준과 방향에 따라서 일단 보류해야 하는 책들도 있다.

물론 책을 평가해서 차별하라는 말은 아니다. 자신의 독서 수준에 따라 읽어도 도움이 안 되는 책이 있을 수 있다는 뜻이다.

여기서 독서의 고수가 될 독서 실력자들에게 꼭 한 가지를 당부하고 싶다. 이 세상의 모든 독서법을 뛰어넘으라는 것이다. 자기 자신만의 독서법을 만드는 사람이 독서의 신이고 독서의 고수이다.

덧붙여 글자 하나하나에 절대 매이지 말고, 한두 권의 책에 함몰되지 말라고 조언하고 싶다. 책을 뛰어넘고 자유자재로 들어갔다 나왔다 할 수 있어야 한다. 최고의 독서법은 즐기는 것이다. 즐겨야 몰입이 되고, 몰입해야 집중하게 되고, 집중해야 자신을 뛰어넘을 수 있다. 자신을 넘어서야 책을 뛰어넘을 수 있다.

어느 독서 고수의 독서 노트

'김병완의 초의식 독서법' 강의에 와서 큰 감동을 받았다며 나를 격려해준 독서 고수 한 분이 있다. 나의 페이스북 친구이기도 한 김윤경 씨다. 김윤경 씨는 누가 뭐래도 독서의 고수이며 독서의 신이다.

그는 과거에 직장에서 가장 많은 책을 읽는 독서왕으로 뽑혀 신문에도 나온 적이 있다. 그런 분이 송구스럽게도《오직 읽기만 하는 바보》라는 책을 읽고 양적인 독서에서 질적인 독서로 엄청난 변화를 경험했다고 소감을 밝혔다. 김윤경 씨가 보내준 독서 노트를 살펴보자. 필자의 독서 노트보다 더 잘 정리된 느낌이다. 역시 독서의 고수였다. 지면을 빌려 다시 한번 더 김윤경 씨께 감사의 마음을 전하고 싶다. 독서 노트는 아래와 같이 구성된다.

〈독서 노트〉

날짜:

1. 제목: 저자:

2. 내용:
   - 주요 내용
   - 핵심 문장
   - 핵심 표현

3. 책의 견해: 작가의 주장과 의견
   (주제에 대해)

4. 나의 견해.
   주제에 대해 책 읽기 전:
   책 읽은 후:
   만약 내가 저자였다면:

5. 무엇을 생각하였는가?
   - 배운 점:
   - 느낀 점:
   - 깨달은 점:
   - 기타:

✧✧✧ 〈가장 중요〉
6. 한 문장으로 요약!

독서 고수 김윤경의 독서 노트

노트 1

1. 이 책은

- 제목: 오직 읽기만 하는 바보
- 저자: 김병완
- 출판사: 브레인스토어
- 날짜: 2013. 09. 20.

2. 내용

- 주요 내용
→ 세상은 정직하고 무서울 만큼 정확하다. 가치가 있는 사람은 반드시 그 가치에 어울리는 삶을 살게 된다. 그러므로 자신의 가치를 드높일 필요가 있다. 인간의 가치는 그 사람이 어떤 정신의 사람이고, 어떤 생각을 하는 사람이며, 어떤 의식을 가지고 있느냐에 따라 결정된다. 인간의 가치를 향상시킬 수 있는 유일한 것은 독서이다.
→ 최고의 독서법은 의식의 변화를 가져와서 인생의 수많은 문제에 직면했을 때 그 어떤 사람도 생각해내지 못한 해결책을 스스로 만들어 그 문제를 쉽게 해결할 수 있도록 한다. 높아진 의식 수준이 새로운 것을 창출해낼 수 있도록 하는 것이다.
→ 올바른 독서법은 수불석권(手不釋卷, 손에서 책을 떼지 않고 많이 읽는 것)을 통해 그 책의 핵심을 파악한 후에는 반드시 직접 노트에 적고 정리하고 자신의 주관을 세우는 일이 뒤따라야 한다. 읽기의 완성은 쓰기다. 독서 노트를 작성하면 책을 두세 번씩 읽는 반복 효과가 있다.

→ 책을 읽은 후에는 책을 통해 얻은 것을 자신의 것으로 완전하게 체득하여 실천하는 삶을 살아야 한다. 그래서 독서의 전문가가 갖추어야 할 자격 조건 중 가장 중요한 것은 자기 자신이 먼저 독서를 통해 인생이 완전하게 달라진 경험을 가지고 있어야 한다.

• 핵심 문장
→ 독서의 목적은 사색이다. 가장 많이 생각하게 하는 책이 좋은 책이다. 사색을 통해 얻은 것만이 자신의 참된 지식이 될 수 있다.
→ 책을 읽는다는 것은 자신이 미래를 만든다는 것과 같은 의미다. 책을 읽은 사람들은 이미 만들어놓은 인생과 전혀 다른 새로운 인생을 만들어가는 창조자가 된다.
→ Leader들은 모두 Reader들이다. 책을 읽었기 때문에 이미 다양한 경험을 간접적으로 할 수 있게 된 것이다. 그러한 경험과 사유의 확장은 새로운 인생을 창조할 수 있는 사고력을 제공해준다.

• 핵심 표현
→ 출이반이(出爾反爾, 당신에게서 나온 것은 반드시 다시 당신에게로 되돌아온다). 독서를 수단으로 삼는 자에게 책은 그들을 수단으로 삼을 것이다. 독서를 목적으로 삼는 자에게는 책도 그들을 목적으로 대우해줄 것이다.
→ 읽은 만큼이 인생의 크기가 된다. 읽은 만큼 세상이 보이게 되고, 읽은 만큼 성장하게 되고, 읽은 만큼 훌륭한 사람이 될 수 있다.
→ 최고가 되면 세상을 보는 눈이 달라진다. 그리고 그로 인해 모든 것이 달라진다.
→ 책 읽기 최고의 단계는 통찰적인 책 읽기다. 좌뇌로 분석하고 우뇌로 종합한 이후에 다양한 사물 사이의 새로운 연관성을 만들어 깨닫게 해줌으로써 고도로 복잡하고 어려운 문제를 효과적으로 해결할 수 있게 해준다.

3. 책의 견해

- 작가의 주장과 의견
→ 독서는 자신의 인생을 바꾸고 꿈을 이루는 가장 강력한 무기가 된다. 더 많은 책을 읽으면서 올바른 독서법을 통해 읽은 한 권 한 권의 책들을 모두 자신의 것으로 만든 사람만이 진정 자신이 원하는 꿈을 이룰 수 있다.
→ 제대로 된 독서법을 온몸으로 체득하면 그 결과 순수하게 독서만으로 인생 역전에 성공하게 된다.
→ 초서 독서법을 추천한다. 입지-해독-판단-초서-입지 5단계를 거치면서 자기 자신만의 새로운 주관과 관점을 발전시켜나가는 종합 독서법으로 엄청난 사색과 생각과 에너지를 필요로 하는 능동적이고 역동적인 독서법이다.

4. 나의 견해

- 주제에 대해
→ 책 읽기 전 : 평상시에도 책 읽기를 워낙 좋아하므로 가슴에 와 닿는 책들은 읽고 바로 덮어버리기가 아쉬워서 핵심 문구와 내용을 추려서 독서 노트에 정리하는 습관을 나름 갖고 있었다. 하지만 독서 노트를 꼭 써야 하는 이유나 효과를 명확하게 알지 못했기 때문에 바쁘고 귀찮은 경우에는 독서 노트를 쓰지 않고 그다음 책을 찾아서 곧이어 읽는 책 릴레이를 펼친 경우도 빈번했다. 그러고 보니 책을 통해 깨달음을 얻는 과정보다는 책을 쑥쑥 읽어 내려가는 그 자체에 보람이나 기쁨을 더 크게 느낀 것이다.

→ 책 읽은 후 : 2006년부터 꾸준하게 1년에 평균 200권, 총 1400권 정도의 적지 않은 독서량을 갖고 있음에도 독서를 통해 내 인생이 완전하게 달라진 경험을 아직 갖지 못했다. 그 이유는 바로 독서법에 문제가 있었던 것이다. 책 제목인 '오직 읽기만 하는 바보'에 나 자신이 속해 있었다니! 이 사실을 깨달은 것이 매우 값진 수확이다.

- 만약에 내가 저자였다면
→ 이 책에는 다양한 기적의 독서법들이 소개되고 있다. 노트 독서법, 일기 독서법, 토론 독서법, 스마트 독서법, 고래 독서법, 초서 독서법, 상상 독서법, 우뇌 독서법, 꿀벌 독서법 등.
→ 이 부분을 읽으면서 선택의 범위가 너무 많다고 느껴져서 올바른 독서법을 꼭 익히겠다는 결심이 오히려 무너질 뻔했다. 인내심을 갖고 자세히 읽어 내려가자 나의 독서 수준에 따라서 서로 보완적으로 취사선택할 수 있는 좋은 방법들이었는데 말이다.
→ 독서법의 제안으로 너무 많은 선택을 주는 것은 오히려 결심을 약화시킬 수도 있다. 이 부분의 내용이 좀 더 간단하고 쉽게 정리된다면 나같이 독서법을 적용하겠다고 결심한 독자들의 심리적 부담감이 낮아질 것이라고 생각된다.

5. 무엇을 생각했는가?

- 배운 점 : 독서를 통해 진정 변화되는 삶을 살기 위해서는 책을 빨리 많이 읽는 것이 중요한 것이 아니라, 읽은 내용을 얼마나 자기 것으로 소화해서 마음의 양식으로 삼고 의식 수준을 성장시켰느냐가 훨씬 더 중요하다.

- 느낀 점 : 책은 인생의 동반자이고, 스승이고, 친구이고, 애인이다. 독서의 신이 되기 위해서는 책의 세계에 자신을 온전히 집어던져야 한다. 책을 읽으면서 수백, 아니 수천 개의 책의 영혼을 만나 교감이 이루어졌을 때 비로소 독서의 신이 될 수 있다.

- 깨달은 점 : 위대한 독서법은 눈으로만 읽고 책을 덮는 것이 아니다. 반드시 손으로 쓰고, 토론을 통해 다시 한 번 생각과 주장을 정리하고 완전하게 자신의 피와 살이 되도록 한다는 데 있다.

- 기타 : 책은 기쁨이고 즐거움이고 힐링이다. 책 읽기는 평생 가져가야 할 행복한 중독이다.

6. 한 문장으로 요약

- 책을 아무리 읽어도 생각하지 않으면 아무것도 얻지 못한다! 즉, 헛독서이다.

이 정도 독서 노트를 작성하기 위해서는 엄청난 생각을 해야 한다. 눈으로만 한 권의 책을 읽는 독서를 하는 사람보다 몇십 배는 더 깊이 있는 독서를 했다고 할 수 있다. 나보다 훨씬 나은 독서 고수의 노트이다.

김병완의 독서 노트 변천사 III : 고급 때의 독서 노트

나의 독서 노트 유형은 계속해서 진화해가고 있다. 무엇을 하더라도 계속 공부 중이고 배우고 있고 경험 중이다. 다음은 요즘 내가 어떤 식으로 독서 노트를 쓰고 있는지를 보여주는 사례 중 하나이다.

고급 독서 노트 : 저자의 실제 사례

제목: 호밀밭의 파수꾼.
J.D. Salinger 제롬 데이비드 샐린저

1. 1951년 출간

2. 이 한 권의 冊으로 세계적인 명성을 얻게 된 샐린저는 은둔을 좋아하는 작가

3. 줄거리: 퇴학 당한 고딩의 2박3일 간의 정신이 파괴되어 가는 이야기로 열여섯 살 소년의 독백.

4. 총평: 미국을 대표하는 현대 문학의 정수

5. 특징: 출간 직후에는 청소년 금지 도서. 지금은 최우수 권장도서

6. 역사: 존 레논의 암살범이 애독한 책으로 더욱더 유명해짐.

7. 타인의 평가: 한 마디로 '극과 극'이다. 금지도서에서 최우수 권장도서로 변화가 있는 특이한

8. 전문가의 평가: 노벨 문학상 윌리엄 포크너 "현대 문학의 최고봉"

9. 나의 평가: "미국 중산층의 치부"를 드러내고, 심리적 묘사가 탁월한 수작이지만, 어떻게 보면 내용이 빠진 듯한 졸작으로 보여지는

10. 책을 넘어서: 주인공은 '멋지다'라는 말을 싫어한다. 그것보다도 더 가식적인 말은 없다고 생각하기 때문.

11. 공자 <논어>로 이어서:
'교언영색선의인(巧言令色鮮矣仁)'과 의미가 이어짐.- 거짓과 가식에 대한 의미

12. 명심보감으로 이어서:
'군자는 타인의 그릇됨을 귀로 듣지 않고, 타인의 잘못을 눈으로 보지 않고, 타인의 단점을 입으로 말하지 않는다'라는 대목이 이   과 비교됨.

13. 이 冊이 주는 人生의 지혜?
"모든 게 가짜인데 왜 그렇게 잡으려고 애쓰는가? 욕심도 고통도 성공도 실패도 아픔도 다 놓아버려라."

14. 이 冊에 던지고 싶은 질문은?
"당신은 당신의 人生을 살고 있습니까?"

15. 이 冊의 저자와 논한다면?
"당신 자신이 왜 되지 못합니까?"
"왜 타인의 거짓과 가식 잘못에 종속된 삶을 사십니까?"
"왜 당신이 세상을 바꾸려고 시도조차 하지 않았습니까?"
"정말 이 세상은 거짓과 가식만으로 가득 차 있을까요? 진실되고 사랑이 넘치는 인간들은 없을까요?"
"왜 당신이 사회의 부적격자가 되었을까요?"

16. 이 冊을 단 한 문장으로 요약하면?
→ "세상과 위선과 거짓과 타인으로부터 '마음'을 지키는 파수꾼이 되어라" 라고 하고 싶다.

16_1 왜? 무릇 지킬 만한 것보다 더욱더 네 마음을 지켜야 할 시대이기 때문이다.

16_2 그 효과
마음을 잘 지키고 다스릴 때 행복하게, 성공적인 삶을 살아갈 수 있기 때문.

17. 이 冊을 통해 얻은 교훈은?
→ "타인에게 관대하고 자신에게 엄격할 것"
세상의 것은 다 가짜일 수 있으므로 세상의 부귀영화에 집착하지 말고, 당당하게 자신의 길을 가자.

18. 이   의 메시지가 이어지는   들은?
〈장자〉"끝이 있는 것을 가지고 끝이 없는 것을 추구하면 위태로울 뿐이다."
"세상 모든 것은 공허(가짜)하다. 옳고 그름, 성공과 실패, 득과 실, 이것은 모두 인간의 의식 속에 존재하는 허상이다."

19. 이 책을 통해 생각나는 인물들
- 절대 자유의 경지에 오른 장자의 삶과 철학
- 2년 2개월 동안 월든 호숫가에 들어가 살았던 헨리 데이비드 소로우

20. 결론: 이 책을 읽고 의식이 확장된 것이 있다면?
"세상의 가짜를 얻기 위해 자신을 버리지 마라."
"세상의 거짓과 위선에 물들지 말고, 연연해 하지도 말고, 닮지 마라."
"마음을 지키는 파수꾼으로 산다는 것은 진실로 위대한 일이다."

21. 추가 다짐: 의식의 꼬리에 대하여 의식에 의식을 묻기
* 세상 모든 게 가짜이고, 허상이고, 헛된 것인데 왜 그렇게 아등바등 잡으려고 애쓰는가?
* 왜 세상과 보조를 맞추기 위해 자신을 가짜로 만드는가?
* 단순하게, 간소하게, 자유롭게 살고 싶다.

현대식 초의식 독서법, BTMS

초의식 독서법의 실천을 어려워하는 분들이 많다. 이론적 측면에 대해 충분히 이해하고 그것을 자신의 독서법으로 삼으려고 실천에 나선 분 중에서도 막상 독서 노트와 필기구를 들면 막막해진다고 말하는 이가 적지 않았다.

그래서 많은 사람들이 좀 더 쉽게 초의식 독서법에 접근하고 하나하나 따라 할 수 있도록 만들 필요가 있었다. 그래서 명칭을 현대식으로 변경하고 절차를 간편하게 한 것이 'BTMS 독서법'이다.

이 독서법은 4단계를 통해 한 권의 책을 완전히 자신의 것으로 소화할 수 있도록 설계한 것이다. 철저하게 초서 독서법의 원리에 근거를 두고 여기에 의식 강화와 확장을 더 추가하여 신개념 초의식 독서법을 만들었다.

1단계 Book : 책을 읽고 핵심 내용과 중요 문장을 파악하는 단계
2단계 Think : 자신의 주관, 생각, 견해를 책에 덧입히는 단계
3단계 Mind : 책을 통해 자신의 의식 변화를 성찰하는 단계
4단계 Summary : 해당 독서를 요약하는 단계. One Book One Sentence, 1+1 Book Choice로 마무리하는 단계

다시 말해 Book(책)을 읽고 → Think(생각)하고 → Mind(의식)를 확

장하고 → 한 문장으로 Summary(요약)하는 과정을 독서 노트에 기록해나가는 방법이 바로 현대식 초의식 독서법인 BTMS 독서법이다.

이 독서법의 단계를 따라 실행하다 보면 도능독에 불과한 독서에서 벗어날 수 있는 좋은 역량을 강화시킬 수 있을 것이다.

이 독서법은 단계마다 '전(Before)'과 '후(After)'를 둔 것이 특징이다. 그래서 그냥 읽은 후의 사항만을 기록하지 않는다. 읽기 전·후, 생각하기 전·후, 의식을 확장하고 의식이 변화되기 전·후를 기록하고 성찰한다. 이에 따라 깊고 넓은 독서 활동이 되게 한다.

먼저 이 독서법의 첫 번째 단계는 Book이다. 철저하게 책을 읽고 책의 핵심 내용, 핵심 문장, 핵심 표현, 작가의 주장 등 책에 대한 전반적인 것을 파악하는 단계이다.

이 과정에서는 반드시 전과 후를 구분한다. 책을 읽기 전에 이 책의 주제에 대한 자신의 생각과 견해를 간단하게 Before 난에 적고, 책을 읽고 나서 알게 된 책의 내용과 핵심 문장, 핵심 표현, 작가의 주장과 메시지를 After 난에 적는다.

두 번째 단계인 Think에서는 자기 생각이 주된 내용이 된다. 책을 읽고 책과 작가에 대한 자신의 생각을 거침없이 기록하는 과정이다. 이 과정 또한 전과 후로 나누어 기록한다. 책을 읽기 전에 주제에 대한 자신의 주관을 쓰고 책을 읽은 후에 자기 생각을 가감 없이 밝힌다.

책의 내용과 관련된 사항을 적는 1단계보다 자기 생각을 적는 2단계 노트가 많을수록 초급에서 중급·고급으로 향상되었다고 할 수 있다. 이 단계가 바로 맹자가 말한 '이의역지' 독서법의 요체이다. 즉 자신의 생각과 견해와 주관을 토대로 책과 저자의 핵심 주장과 내용을 거슬러 비교하고 종합하고 저울질함으로써 더욱더 강화된 자신의 생각과 주관을 만들어내는 과정이다.

세 번째 단계인 Mind에서는 책이 전달하는 지식이나 통찰 등에 만족하지 않고 책을 통해 자신의 삶에 직접적으로 영향을 줄 수 있고, 당장 행동을 바꿀 수 있게 해주는 의식의 변화 및 확장 과정을 기록한다.

독서법 혹은 독서 노트를 가르치는 많은 독서 전문가들이 놓치는 지점이 바로 이 부분이라고 할 수 있다. 하지만 이 부분을 통해 다산이 말한 '둔필승총', 즉 둔한 붓이 총명한 인간을 이긴다는 원리를 우리 삶에 적용할 수 있게 된다.

많은 이들이 '둔필승총'을 2단계 Think의 영역이라고 생각한다. 그러나 나는 총명함을 이기는 상태는 의식 변화와 의식 확장의 기록을 통해 가능하다고 생각한다. 그래서 3단계 Mind는 초의식 독서법, 즉 BTMS 독서법에만 유일하게 존재하는 과정이라고 할 수 있다.

이 단계에서도 Before와 After 난을 만들어 책을 읽기 전 자신의 의식에 대한 기록을 한다. 그러기 위해서는 자신의 의식에 대한 성찰 작업이 반드시 필요하다. 책을 읽으면서, 그리고 읽고 난 후에 자신의 의식 변화를 검증하고 성찰하여 기록한다.

이 책을 통해 자신의 의식이 강화되거나 넓어진 부분이 있는가를 성찰해보면서 나아가 인생과 세상, 삶과 죽음, 성공과 실패, 타인과 가족에 대해서도 자신의 의식의 흐름이 어떤 식으로 변화되었는지에 대해 성찰하여 기록한다.

4단계 Summary는 내가 가장 강조하는 "한 권의 책을 읽었다면 반드시 한 문장으로 요약할 수 있어야 한다"와 "한 권의 책을 읽었다면 다른 책으로 이어져야 한다"는 원칙을 적용하고 실천하는 단계로 한 권의 책에 대해 마무리하는 과정이다.

이때 'One book One sentence', 즉 OBOS를 작성한다. 그리고 이 책을 통해 읽고 싶어진 또 다른 책이나 분야에 대해 미리 자신의 뜻과 주관을 세우고 어떤 식으로 읽을 것인가를 밝힌다.

BTMS 독서 노트 작성 요령

제목 :		
저자 : 읽은 날짜 :		출판사 :
1단계 BOOK	Before	- 책을 읽기 전에 이 책의 주제와 내용에 대한 자신의 생각을 기록한다.
	After	- 책을 읽은 후에 책의 핵심 내용, 핵심 문장, 작가의 핵심 메시지, 멋진 표현, 책의 스타일, 콘셉트, 작가의 스타일 등을 기록한다.

2단계 THINK	Before	- 책 읽기 전에 자신의 뜻, 주관, 생각 등을 기록한다.
	After	- 책을 읽으면서 새롭게 깨닫게 된 생각들에 대해 기록한다. 자신의 내면에 대해 성찰하고 사색한 것을 기록하는 단계이다. 책의 내용에서 벗어나 자기 생각이 중심이 되는 사색과 성찰 과정이다.
3단계 MIND	Before	- 책을 읽기 전에 자신의 의식 상태에 대해 고찰하고 기록한다.
	After	- 책을 읽고 나서 자신의 의식 변화와 확장에 대해 기록한다. ex) 자기 자신에 대해 인생에 대해 국가와 인류에 대해 타인에 대해 미래에 대해 ……
4단계 Sum- mary	OBOS	- One Book One Sentence, 한 문장으로 요약한다. - What to do? 이 책을 통해 새로운 무엇을 할 것인가? - How to do? 어떻게 할 것인가? - 1+1 Book? 이 책을 통해 읽고 싶어진 또 다른 책이나 분야는 무엇인가?

BTMS 독서 노트 작성 사례

다음은 참고가 되길 바라는 마음에서 필자의 졸저《나는 도서관에서 기적을 만났다》를 BTMS 독서법에 따라 직접 독서 노트를 작성해본 것이다.

제목 : 나는 도서관에서 기적을 만났다
저자 : 김병완　　　　　출판사 : 아템포
읽은 날짜 : 2013. 9. 25.

1단계 BOOK

1. Before
- 저자는 어떻게 해서 도서관에서 기적을 만났다는 것일까?
- 도서관은 현재 많은 학생이 공부하는 장소, 그 이상도 그 이하도 아닌 듯하다.

2. After

1) 핵심 내용
- 평범한 직장인에 불과했던 저자가 회사를 그만두고 1000일 동안 도서관에서 만 권의 책을 독파하게 되자, 기적과 같은 일들(작가가 되고, 강연을 하고, 방송에 나가게 된 일)이 일어난다. 도서관이 저자에게 기적의 공간, 마법의 공간이었음을 알게 되었다. 이렇듯 도서관에서 기적을 만난 한 남자의 인생 역전 스토리.

2) 핵심 메시지
- 도서관은 이 세상에 존재하지만 이 세상과 단절된 유일한 마법의 공간이기에 누구에게나 열려 있고, 누구나 도서관을 통해 새로운 삶을 개척해 나갈 수 있을 것이라는 메시지.

3) 핵심 문장들

- 수만 권에서 수백만 권의 책이 고스란히 존재하고 있는 특별한 공간, 도서관은 누구라도 새로운 인생으로 향할 수 있게 해주는 마법의 공간이다. 그러한 마법의 공간에서 몇 년만 살아보라. 몇 년만이라도 그러한 공간에 몸과 정신을 담가보라. 자신도 모르게 마법에 걸리고, 그 마법은 현실이 되어 당신을 상상도 못한 그 무엇이 되게 이끌어줄 것이다. 그리고 더 중요한 사실은 무엇이 되는 것보다 어떻게 살아갈 것인가에 대한 해답을 얻을 수 있다는 점이다. 도서관은 '누군가'에게는 기적이 일어나는 마법과 같은 장소가 된다. 그런 점에서 도서관은 기적이다. 그리고 그 '누군가'가 '모든 이들'이 될 수 있다는 사실 또한 놀라운 비밀이 아닐 수 없다. 나는 그 비밀과 가능성을 온몸으로 경험하고 느끼고 발견했다. 그런 덕분에 나는 내 인생을 바꿀 수 있었다. 그리고 이것은 모든 사람에게 똑같이 적용될 수 있다. 그런 점에서 도서관은 기적, 그 자체이다. (저자의 글)

- 가진 것도, 이룬 것도, 내세울 것도 전혀 없었던 나에게 책은 가진 자들이나 무엇인가를 이루고 내세울 것이 많은 이들과 경쟁에서 이길 수 있게 해주는 유일한 무기였다. 무에서 유를 창출해내는 창조의 도구였고, 무능을 유능으로 바꾸고 평범한 사람을 비범한 의식을 가진 사람으로 탈바꿈시키는 마법 상자였고, 인생을 송두리째 바꾸는 기적의 공간이었다. 수많은 책들이 살아 숨 쉬고 있는 부산의 국립도서관은 마법사들을 양성하는 마법 학교였다. (4장. 나는 도서관에서 기적을 만났다)

- 나에게 있어 가장 큰 발전은 지식이나 능력이나 기술이 아니라 의식의 도약이다. 평범했던 내가 다양한 분야를 넘나들면서 여러 주제의 책들을 집필할 수 있었던 가장 큰 동력은 의식의 변화이다. 3년 동안 수천 권의 책을 읽으면서 나의 의식 각각이 작은 의식 덩어리인 책 한 권 한 권과 조우하고 통합되고 융합되었다. 그러면서 새로운 의식들이 연쇄반응과 비슷하게 반응하면서 지속적으로 생겨난다는 것을 알게 되었다. 그 덕분에 나는 의식이 달라졌다. 그리고 달라진 의식은 내 인생을 바꾸었

다.(5장: 평범한 중년에게 실제로 일어난 기적 같은 일들)
- 나는 도서관에서 최고의 인생을 사는 법을 배웠다. 이 세상은 매우 정직하고 정확하다는 사실도 배웠다. 적당히 일하며 적당히 사는 사람에게는 이 세상이 정확히 그렇게 적당히 대우를 해준다는 것도 배웠다. 반면 무엇인가에 목숨을 걸고 미칠 정도로 몰입하는 사람에게는 그만큼의 대우와 보상을 해주는 것이 바로 우리가 살아가고 있는 이 세상이라는 것도 배웠다.(6장: 도서관의 첫 번째 선물: 최고의 인생을 사는 법)

4) 저자의 메시지
- "책에 미쳐라! 도서관에 미쳐라! 우리가 찾는 답이 그곳에 있다!"

5) 이 책을 통해 얻을 수 있는 인생의 교훈
- 최고의 인생을 사는 법
- 대체 불가능한 사람이 되는 법

6) 이 책을 통해 추가적으로 배울 수 있었던 것
- 책 읽기와 글쓰기의 위대한 힘에 대한 이해

2단계 THINK

1. Before
- 책 읽기 전 도서관에 대한 내 생각은 도서관은 그저 책을 볼 수 있게 해주는 고마운 공간, 종일 무료로 공부할 수 있는 공부 공간 정도.
- 책을 쓰는 것은 아주 똑똑한 사람들만 할 수 있는 특별한 일이라고 생각했다.

2. After
1) 책 읽은 후에 도서관에 대한 내 생각
- 도서관은 인류의 정신과 문화의 정수가 보관되어 있는 곳이 아니라 아직

도 살아 숨 쉬는 생동감이 넘치는 공간이며, 평범한 사람이 들어가서 나올 때는 비범한 사람이 되는 기적과 마법의 공간.

2) 책 읽은 후 도서관과 인간과 국가에 대한 생각
- 도서관의 차이가 국력의 차이라는 점을 인식하다. 한국의 최대 도서관에는 300만 권의 책이, 미국의 최대 도서관에는 무려 그 10배인 3000만 권의 책이 있다. 이것이 의미하는 바에 대해 생각해봤다. 한마디로 국력의 차이였다.

3) 독서력에 대한 생각
- 한국인들은 1년에 10권 정도 책을 읽는다. 일본인은 73권을, 미국인은 79권을 읽는다. 중국인도 우리보다 많이 읽는다. 이 독서력의 차이가 바로 국력의 차이가 아니라고 누가 말할 수 있을까?

4) 책을 쓴다는 것에 대한 새로운 생각
- 책을 쓰는 것이 특별한 사람들만 할 수 있는 비범한 일이라고 생각했었는데, 이 책을 통해 책을 쓰는 것은 책을 읽는 것과 같은 것이라는 사실에 대해 새로운 인식을 하게 되었다.

3단계 MIND

1. Before
- 책을 읽기 전에 나는 도서관을 평범한 장소나 기관이라고 생각했다. 솔직히 말해서 도서관에 대해 별다른 의식은 없었다.
- 도서관이 왜 인간을 변화시키는 위대한 공간인지 개념을 잡지 못했다.

- 도서관이 왜 국가와 인류에게 중요한 장소인지 의식적으로 이해하지 못했다. 그저 이론적으로, 수동적으로 알고 있었을 뿐이다.

2. After

1) 책을 읽고 나서 자신의 의식의 변화와 확장에 대한 기록
- 도서관에 대한 의식이 확 바뀌었다. 도서관이 왜 중요한 것인지를 지식적으로 알게 된 것이 아니라 의식하게 되었다. 그런 점에서 일생일대의 목표가 생겼다.

2) 인생에 대해
- 열심히 일했다고 해도 도서관에 자주 가지 않는다면 그것은 게으른 것이 아닐까? 도서관만큼 인간의 성장과 발전, 올바른 인생을 살아갈 수 있게 깨우쳐 주는 공간도 없으니까.

3) 국가와 인류에 대해
- 인류 문명 발전에 가장 크게 기여한 것은 책과 도서관이다. 그런 점에서 책과 도서관에 더 많은 투자를 해야 할 것이다.

4) 타인에 대해
- 인간은 두 종류로 나눌 수 있다. 도서관 인간과 도서관과 전혀 상관없는 인간이다.
- 우리가 전자라면 점점 더 발전하는 인간이 될 것이다. 하지만 불행하게도 후자라면 우리는 분명 점점 더 퇴보하는 인간이 될 것이다.

5) 미래에 대해
- 우리의 미래와 인류의 미래를 밝게 해줄 수 있는 유일한 장소는 도서관이다. 그런 점에서 현재에 급급해서 살아가는 사람들은 아무리 바쁘게 살아도 그 수준에서 벗어나기 힘들다. 하지만 현재에 살면서도 미래를 준비하는 사람들은 도서관에 가기를 주저하지 않아야 한다.
- 영화관, 승마장, 커피숍에는 한 달에 여러 번 가지만, 도서관에 한 번도 가지 않는 사람들은 미래가 없다고 할 수 없다. 어제와 별반 다를 바 없는

하루를 계속 반복하는 것은 인생이 아니기 때문이다.
- 어제의 사고의 틀에서 벗어나 어제와 다른 삶을 살 수 있게 해주는 것은 독서와 도서관밖에 없다.

4단계 Summary

1) One Book One Sentence, 한마디의 문장으로 요약하라
- "누구나 도서관과 친해지면 그 인생은 망하지 않는다."
- "평범한 사람도 도서관을 꾸준히 이용하면 자신을 비상시킬 수 있다."

2) What to do? 이 책을 통해 새로운 무엇을 할 것인가?
- 대한민국에 세계 최대의 도서관을 건립하는 것을 일생일대의 목표로 삼기로 했다.

3) How to do? 어떻게 할 것인가?
- 돈을 많이 벌어야 할 이유가 생겼다. 돈도 많이 벌고, 더 많은 책을 집필하여 도서관을 건립할 것이다.

4) 1+1 book? 이 책을 통해 읽고 싶어진 또 다른 책이나 분야는 무엇인가?
- 도서관 인간이라 불리는 사람들에 관한 책들을 다 읽어보고 싶다. 대표적으로 호르헤 루이스 호르헤스에 관한 책, 그리고 세계 최대의 도서관과 독특한 도서관들에 관한 책들을 읽고 싶다.

에필로그
독서 습관보다 올바른 독서법이 더 중요하다!

무엇보다도 독서하는 것이 제일 유익하다. (세종대왕)

인생을 바꾸는 것은 독서 습관이 아니라 올바른 독서법이다. 당신이 가진 독서법을 이 책을 통해 검증해보라. 우리 선조들의 독서법을 배우고 자신만의 독서법을 만들어나간다면 당신의 인생은 그전과 확실하게 달라질 수 있을 것이다.

세종대왕은 독서의 고수였다. 그렇기에 독서하는 것이 세상에서 가장 유익한 행위였음을 알았다. 세종대왕을 위대한 성군으로 만든 것은 세종대왕의 위대한 독서법이었다. 독서법이 잘못되면 독서하는 행위가 힘들고 어렵고 지루한 것이 된다.

독서법이 위대할수록 독서가 재미있고, 신이 나고, 즐거운 것이 될 뿐 아니라 독서를 통해 남들이 생각조차 못하는 엄청난 것들을 발굴

해낼 수 있다.

눈으로만 한두 번 읽고 다 읽었다고 하는 그런 원숭이 독서법에서 벗어나야 한다. 이것은 대장장이가 담금질을 제대로 하지 않고 쉽게 부러지는 검만 대충 만드는 것과 마찬가지다.

읽고 생각하고 쓰고 요약하기를 반복하면서 '둔필승총'과 '이의역지'의 원리가 담긴 초의식 독서법을 통해 인생을 바꾸는 진짜 독서에 도전해보기를 바란다.

마지막으로 내가 초의식 독서법에 대해 강의할 때 사용한 강의안 자료를 부록으로 첨부했다. 내용을 보면 알겠지만 이 책의 요약본이라 할 만한 내용이다. 책을 요약해서 한 번 더 보고 싶은 분들에게 도움이 될 것 같아 부록으로 공개한다.

| 부록 |

김병완의
초의식 독서법
강의안 자료

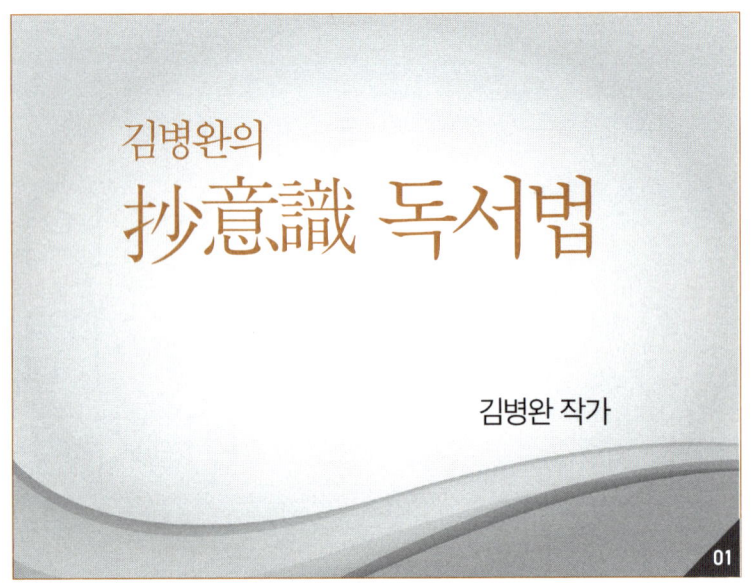

부록_김병완의 초의식 독서법 강의안 자료

책이 인간을 바꾼다

讀書 破萬卷
下筆 如有神

독서에 대해!

· 여러분의 독서법은 훌륭한 방법입니까?

· 혹시 사상누각과 같은 독서법이 아닌가요?

Memo

독서만 하고 언제?

"검증되지 않은 삶은 가치가 없다."
(소크라테스)

그렇다면, 하물며 인생을
바꿀 수 있다는 독서에 대해서는?

오직 읽기만 하는 바보

1. 글자 하나하나를 읽는 것
2. 힘들게 외우기 위한 것
3. 기계적으로 읽는 것
4. 교양과 지식 위해
5. 목적 < 수단으로

독서에 대한 착각

독서

가장 위대한 착각
2가지?

천재도 80년 걸렸다!

"대부분의 사람들은 읽는 방법을 배우는 데
오랜 시간이 걸린다는 사실을 모른다.
나는 80년이 걸렸고,
지금도 완전하다고 말할 수 없다."

_115권의 책을 쓴 위대한 천재 괴테

Memo

진정한 독서의 정의

"진정한 독서는
훈련을 통해 몸을 강하게 하듯
연습을 통해 생각을 강하게 하는 것이다."

_아인슈타인

독서는 기적이다

"글을 읽는 것은 낭비하는 것이 아니라,
만 배나 되는 이익을 가져다 준다."

_《권학문(勸學文)》, 당송팔대가의 한 사람 왕안석

1000일 동안 도서관에서…

"나는 도서관에서 책과 함께 울었고, 책과 함께 웃었다. 그리고 때로는 책과 함께 놀았고, 책과 함께 장난치기도 했다. 때로는 온갖 질문을 책에 던졌고, 때로는 책과 함께 도서관을 어슬렁거리기도 했다. 때로는 방대한 책과 함께 춤을 추었고, 때로는 무찌를 수 없는 상대임을 알고 있음에도 책들을 향해 시비를 걸기도 했다. 그렇게 나는 책과 하나가 되었고, 짧은 세상살이로는 도저히 배울 수 없는 엄청난 인생을 경험할 수 있었다." _《나는 도서관에서 기적을 만났다》 중에서

抄意識 독서법이란?

Memo

독서의 고수가 되는 길!

독서의 고수가 되는 원리?
비결? 과학적 근거? 방법론?

독서의 신이 되는 원리!

고수, 대가, 승자들은 어떻게 탄생하는가?

__이안 로버트슨(뇌과학자)

winner effect

독서의 신이 되는 원리!

winner effect
승리 경험이 뇌를 바꾼다

작은 승리 ➡ 승자의 뇌!

재능은 만들어지는 것!

제프 콜빈, 〈포춘〉 편집자
《재능은 어떻게 단련되는가?》

"재능은 선천적이 아니라 후천적으로
형성되는 것!"

How? What?

Memo

高手에 대한 기념비적 연구

1993. 앤더스 에릭손 교수

"우수한 재능은 어떻게 만들어지는가?"
스포츠, 체스, 음악, 비즈니스 분야의 고수들 연구

첫 번째 비결 : 연습 시간

모차르트 : 만 2세~8세
일주일에 35시간 총 1만 시간 연습량

"18년 동안의 혹독한 연습을 견뎌낸 뒤에야 우리가 아는 그 모차르트가 되었다."

첫 번째 비결 : 연습 시간

바이올린 연주자의 실력 차이 : 총 누적 연습 시간!

3420h < 5301h < 7410h

_《아웃라이어》, 말콤 글래드웰(제프 콜빈 재인용)

두 번째 비결 : 올바른 방법

무조건 1만 시간 해도
안 되는 사람은 안 된다 ➡ why?

"신중하게 계획된 연습"

두 번째 비결 : 올바른 방법

"신중하게 계획된 연습?"
1. 한계를 넘는 시도
2. 검증, 오류 시도
3. 무한 반복

➡ **올바른 독서 방법!**

1993년 기념비적인 연구

천재 = 신중하게 계획된 연습 + 1만 시간의 투자!

➡ 독서 천재?
　　독서의 고수는?

독서도 능력에 따른 것!

그렇다면
독서의 고수가 되는 것도 역시
재능의 일부라고 할 수 있지 않을까?

그렇다면 필요한 2가지는?

독서의 재능도 후천적이다

독서의 고수가 되기 위해 필요한 2가지?

1. 효과적인 올바른 독서법
2. 1만 시간의 독서 시간

2가지 중 하나가 없으면!

· 만약 제가 1년만 독서했다면?

· 만약 제가 효과가 적은 독서법으로 독서를 3년 했다면?

초의식 독서법의 배경

3년 동안의 놀라운 독서 체험
➡ 왜?

지식경영 대가들의 독서법
독서력 도약 경험

초의식 독서법의 개요

일제강점기 35년!
독서법이 사라진 백성!
세계에서 가장 독서를
안 하는 민족으로 전락!

초의식 독서법의 근간

초(鈔)의식(意識) 독서법 =
다산의 鈔書 독서법, 세종대왕의 百讀百習 독서법,
마오쩌둥의 四多 독서법(손 ⇨ 몸 ⇨ 뇌의 세계)
+
선비들과 독서의 신들의 意識 독서법
(마음 ⇨ 의식 ⇨ 무의식의 세계)

부록_김병완의 초의식 독서법 강의안 자료

抄意識 독서법의 효과

1. 몸과 마음은 하나다.
2. 인간의 능력을 극대화하다.
3. 평범한 사람도 독서의 신!

抄意識 독서법의 원리

초서 (몸) — 초의식 독서법 — 의식 (마음)

눈으로만 독서 ⇨ 손을 사용 ⇨ 외부로 나온 뇌

의식을 사용 ⇨ 마인드 파워 ⇨ 인간의 유일한 힘

온몸과 마음을 다하여 무엇인가를 하는 것!

김병완의 초의식 독서법

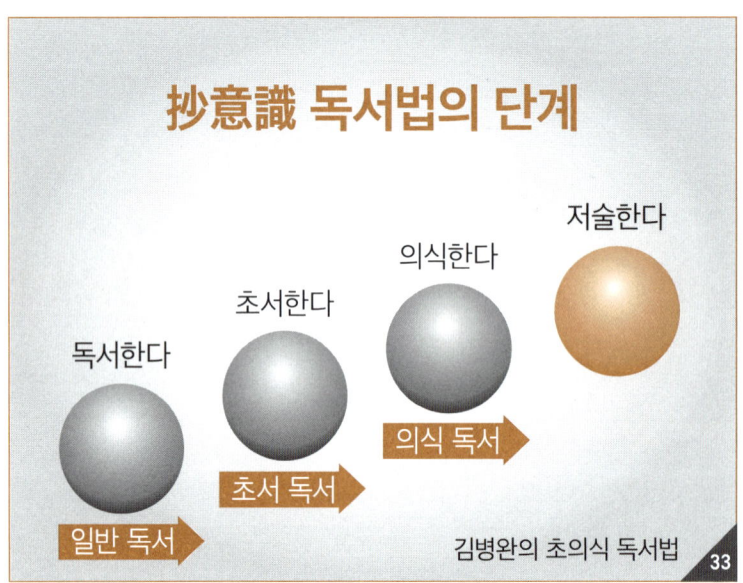

抄意識 독서법 1단계(2)

독서는 온몸이 필요하다. 왜?

독서는 소극적 행위(음악 감상, 영화 감상)가 아니다.
음악 감상과는 차원이 다른 적극적 행위이기 때문이다.
그래서 독서는 발견, 창조, 행위라고 하는 것이다.

抄意識 독서법 1단계(3)

1. 입지(立志) _ 주관, 의견
2. 해독(解讀) _ 읽고 이해
3. 판단(判斷) _ 취사선택
4. 초서(鈔書) _ 적고 기록
5. 의식(意識) _ 의식 확장

마오쩌둥 독서법의 확장

마오쩌둥

- 삼복사온(三復四溫) 독서법
- 사다(四多) 독서법 : 多讀, 多寫, 多想, 多問
- '붓을 움직이지 않는 독서는 독서가 아니다!'

초서 독서법의 핵심

일반 독서 : 읽고 이해하는 소극적 독서로
　　　　　　그치는 경향
초서 독서 : 쓰고 생각하는 적극적 독서

- 무엇인가 기록하려면 많이 생각해야 한다!

초서법의 효과 및 장점

1. 자꾸 생각하게 하고 익히게 해주는 독서법!

2. 뇌를 깨우고 자극시켜 더 많이 기억하게 해 주는 것이 아니라 더 많이 발견하고 깨우치게 해 준다.

抄意識 독서법 1단계

"생각하면 얻고 생각하지 않으면
얻지 못하게 된다."

_맹자

抄意識 독서법

"정신병자란 매일 똑같은 방식으로
일하면서 다른 결과가 나오기를
기대하는 사람이다.
결과가 달라지려면 과정을 바꾸어야 한다."

_알베르트 아인슈타인

意識 독서법의 이유(1)

"全心하지 못하는 사람과 무슨 일에나
골몰하지 못하는 사람은 보아도
보지 못하는 사람이며 들어도 듣지 못하는
사람이며 먹어도 맛을 모르는 사람이다."

_공자

Memo

意識 독서법의 이유(2)

"당신이 하는 일에 온 정신을 집중하라.
햇빛은 한 초점에 모일 때만
불꽃을 내는 법이다."

_알렉산더 그레이엄 벨

도움을 주는 3가지 의식!

의식 1 — 남다름, 뛰어남 – 자부심
유대인들의 위력 : IQ가 아니라 자부심, 선민 사상

의식 2 — 탁월함, 한계 극복 – 기대감
하버드대 사회심리학과 교수 로버트 로젠탈 교수

의식 3 — 최고 의식, 큰 의식 – 상상력
상상만으로 실제로 근육이 늘어나고 실력이 향상됨

자부심의 효과!

《자부심의 심리학》,
나다니엘 브랜든(Nathaniel L. Branden)

➡ 자부심과 생산성 사이에 직접적인 연관이 있다.
"자신을 좋게 생각할수록 더욱 생산적이 된다."

기대심의 효과!

"조금밖에 바라지
않으면 성장도 없다.
많은 것을 추구하면 같은 노력으로
거인으로 성장할 수 있다."

_《피터 드러커의 자기경영노트》, 피터 드러커

Memo

탁월함 - 기대심의 효과(2)

"스스로 성장해 나가기 위해 가장 우선시해야 하는 것은 탁월함을 추구하는 일이다. 여기서 자신감이 생겨난다."

_《보이지 않는 혁명》, 피터 드러커

상상력의 효과!

_알래스카 대학교, 테리 마하니 교수
: 성적 부진 학생

"수학과 나는 하나다."
낙제생들 A학점으로 도약!

남다른 의식을 가지면?

_심리학자, 개리 맥퍼슨

A : 1년만 영어 공부하자
B : 졸업할 때까지만 하자
C : 평생 공부하며 살아야지

"1년 후 4배의 성적 차이가 발생!"
'평생 할 것'이라는 의식을 가지면
전혀 다른 성과를 창출해낼 수 있다.

抄意識 독서법

몸과 마음의 메커니즘 이해
뇌의 특성과 작용 이해

➡ '기합'을 지르면 실제로 몸에서
에너지가 나온다!

抄意識 독서법

'상상하면 실제로 능력이 향상되고
에너지가 나온다.'

- 일종의 마인드 파워!
- 정신일도 하사불성!

의식 독서의 근거들 _ 한국

그냥 열심히 읽는 사람과 의식까지 투입해서
독서하는 사람은 차이가 분명하게 날 수밖에 없다.

➡ 선조들은 모두
의식 강화 훈련과 의식 독서를 실행했다.

선조들의 의식 독서(1)

"책을 읽는 사람은 두 손을 모으고 똑바로 앉아 공경히 책을 대해야 한다. 마음을 통일하고 뜻을 모아 골똘히 생각하고 깊이 두루 살펴 뜻을 철저히 이해하되 모든 구절마다 반드시 실천할 방법을 찾도록 해야 한다."

_율곡 이이, 《격몽요결》

선조들의 의식 독서(2)

"책을 볼 때에는 한갓 눈만 책에 붙이고 마음을 두지 않으면 또한 이득이 없다."

_담헌 홍대용, 《여매헌서》

Memo

선조들의 의식 독서(3)

"책을 읽을 때 … 몸을 흔들어서도 안 된다.
몸을 흔들면 정신이 흩어진다."

_담헌 홍대용,《여매헌서》

선조들의 의식 독서(4)

"정신을 한데 모아 책에 쏟아붓는다.
이렇게 하기를 계속하면
의미가 나날이 새롭고, 절로 무궁한
온축이 있게 된다."

_담헌 홍대용,《여매헌서》

선조들의 의식 독서(5)

'객래불기(客來不起)'

- 규장각 선비들의 의식 독서법
- 책에 모든 의식을 집중하고 책을 읽었다는 증거
- 왕보다도 독서하는 데 정신 집중

서양 '讀神'들의 의식 강화

"책을 읽는 그의 곁에는 누구도 감히 접근조차 할 수 없었다. 손님들조차 예외가 될 수 없었다. 그의 두 눈은 책장을 뚫어버릴 듯했고, 그의 가슴은 두 눈이 읽는 각 구절의 의미를 무서운 기세로 파악하고 있었다."

_암브로시우스(아우구스티누스의 스승)

의식이 결여된 독서 습관

현대인들의 독서 습관은 책을 눈으로만 읽다가 휴대폰이 울리면 즉각 휴대폰을 받는다.

➡ 의식이 결여된 수박 겉핥기식 얕은 독서를 하는 나쁜 습관!

숨겨진 의식 독서의 근거(1)

- 전 세계 30만 명 이상
- AT&T, IBM, 애플, 3M 사원들의 연수를 위해 교육

➡ 포토 리딩, 폴 쉴리

숨겨진 의식 독서의 근거(2)

폴 쉴리가 제안하는 독서법
포토 리딩의 핵심 기법 '귤 독서 기법'

➡ 의식을 집중하여 독서하는 방법

숨겨진 의식 독서의 근거(3)

독일과 유럽에서 학습 돌풍을
일으킨 바 있는 '그뤼닝 학습법(독서법)'

_크리스티안 그뤼닝,《책 먹는 독서(Visual Reading)》저자

Memo

숨겨진 의식 독서의 근거(4)

"효과적인 독서를 하는 데 중요한 부위는 뒤통수, 더 정확히 말해 후두부가 불쑥 올라온 부위에 자리하고 있다. 수많은 연구조사에서 상급자들(독서 고수)은 이 부위에 확고한 집중력 지점을 가지고 있다는 사실이 입증되었다. 반면에 초급자들(독서 초보)은 집중력 지점을 이리저리 옮겨놓으며, 그것을 한 곳에 맞추지 않는다."

_크리스티안 그뤼닝, 《책 먹는 독서》

숨겨진 의식 독서의 근거(5)

"글을 읽을 때 후두부의 이 지점에 관심을 집중시키면 편안한 각성 상태로 옮겨간다. 즉 시야가 넓어지고 의미 단위들을 파악하는 것이 더 쉬워진다. 눈의 움직임도 더 원활해진다. 읽어 들이는 능력이 향상되고 집중력이 높아지면 텍스트에 대한 기억력도 좋아진다."

_크리스티안 그뤼닝, 《책 먹는 독서》

숨겨진 의식 독서의 근거(6)

크리스티안 그뤼닝은 집중력을 강화하는 마인드 컨트롤로 뒤통수에 생각과 의식의 통로가 있기 때문에, 이곳에 의식과 관심을 집중시키면, 편안한 각성 상태가 되어, 시야가 넓어지고 의미 파악하는 것이 더 쉬워지고, 눈의 움직임도 더 원활해진다고 말한다.

숨겨진 의식 독서의 근거(7)

읽기 전 후두부에 의식과 관심을 집중 ➡ 편안한 각성 상태 ➡ 시야가 넓어짐, 집중력 강화 ➡ 독서가 더 쉬워지고, 더 빨라짐

Memo

숨겨진 의식 독서의 근거(8)

읽기 전에 후두부에 의식을 집중하는 것은 책을 보다 빨리 보기 위한 사전 준비 작업이며, 필수 작업이다. 이러한 행동을 통해 우리는 집중력 강화와 시야 확장을 할 수 있어, 책을 볼 만반의 준비 상태로 자신을 만들어 갈 수 있다.

3년 독서의 법칙 & 포토 리딩법

1. 읽기 전 후두부에 의식을 집중하라.
2. 책의 전체 모습을 제목과 목차 등으로 예측하여 그려라.
3. 재빨리 지나가는 풍경을 보듯이, 페이지를 넘기면서 보라.
4. 책의 핵심 내용을 최종적으로 그려라.
5. 자신만의 상상의 그림책에 책을 한 장의 그림으로 그리고, 요약하라.

의식 독서의 자세 & 모습

"그의 두 눈은 책장을 뚫어버릴 듯했고, 그의 가슴은 두 눈이 읽는 각 구절의 의미를 무서운 기세로 파악하고 있었다."

_암브로시우스(아우구스티누스의 스승)

의식이 강화된 독서!

"책에 완전히 몰입하라. 마치 등 뒤에서 누군가가 칼을 빼 들고 서 있다 해도 책에만 온전하게 빠져들 수 있어야 한다."

_매일 책 한 권 읽기를 실천하려고 노력하는 장석주 선생

Memo

의식 독서의 효과!

1. 몰입을 넘어 무의식 상태에서 책과 하나가 되는 독서

2. 자신의 한계를 뛰어넘는 독서

의식 독서는 무의식 독서로!

뇌
의식적 : 초당 2000바이트
무의식적 : 초당 4000억 바이트

➡ 무의식의 세계에 빠져들면 상상도 못할 초능력이 발휘됨

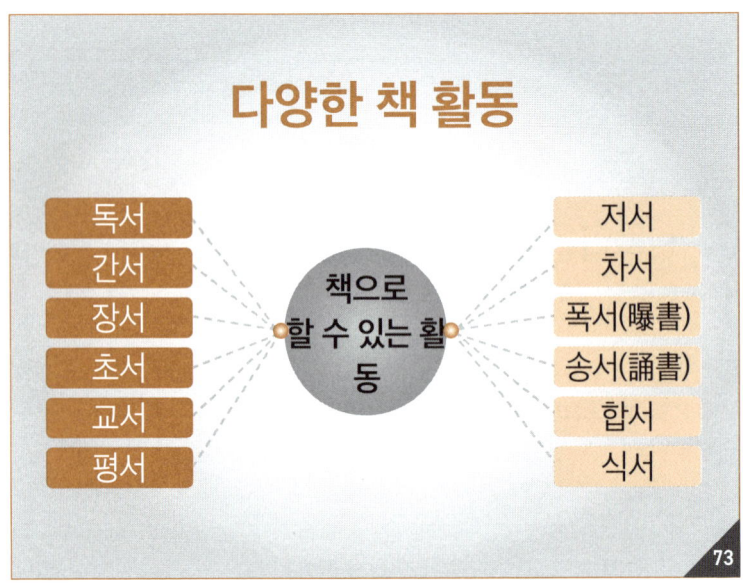

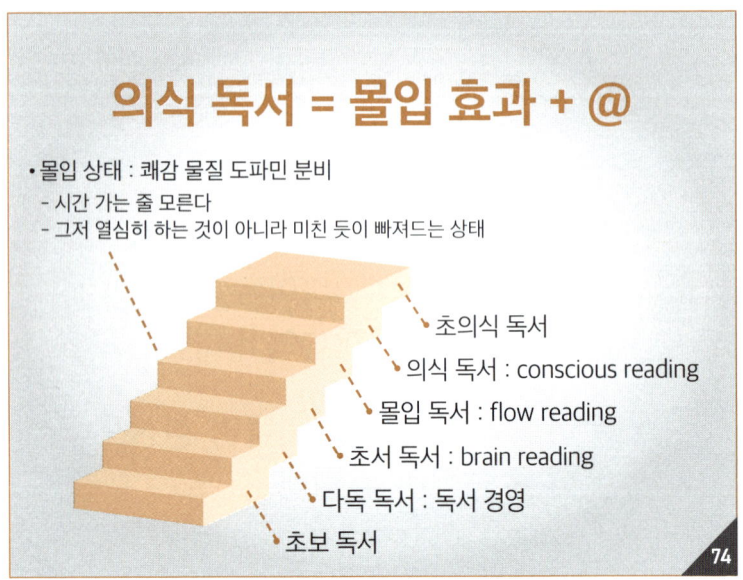

抄意識 독서법(1)

- 독서에는 온몸뿐만 아니라 의식까지 필요하다.

- 독서는 가장 능동적인 인간의 의식적 행동이다. 하지만 한국인들은 눈으로만 독서하고 있다.

抄意識 독서법(2)

의식과 사고가 바뀌는 독서?

지식이 아닌 의식에 집중

抄意識 독서법의 효과

독서를 하여 지식인 or 지혜인이 된다?

지식인(식자) < 지혜인(현자)

현자가 되는 독서법

- 많이 알기 위해서 독서를 하기보다는 많이 깨닫기 위해서 독서를 하자!
: 능동적이고 주도적인 사색, 통찰, 분별, 창조, 발명
➡ 훌륭한 독자는 훌륭한 발명가, 창조가여야 한다.

- "여우는 많은 것을 알지만, 고슴도치는 한 가지 큰 것을 안다."

- "잘 읽으려면 발명가가 되어야 한다. 그래야 창조적인 독서가 가능하다." _ 랠프 월도 에머슨

Memo

한 가지 큰 것을 얻어라

- 수많은 크고 작은 나무를 보지 말고, 하나의 큰 숲을 보는 독서법
➡ 한 권의 책을 한 문장으로 요약하지 못하면 독서를 한 것이 아니다.

- "손자의 《손자병법》을 읽었습니까? 진정? 한마디로 한다면?"

- "공자는 시 삼백 편을 읽고 한마디로 요약했다."

살아 움직이는 독서

눈 ➡ 손(몸과 뇌는 하나)
머리 ➡ 가슴(행동이 따른다)
반대하거나 논쟁(타인) ➡ 배우고 성찰(자신에게 집중)
그대로 수용 ➡ 판단, 비판, 주관
지식 확장 ➡ 의식 변화!!

두께가 다른 독서(1)

"피터 드러커가
현대 경영학의 창시자가 될 수 있었던 이유?"

공부량, 공부 시간?
두뇌, 지능?
수백만 명의 학자들?
지식의 양?

두께가 다른 독서(2)

- 통섭의 시대, 창조의 시대에 그는 한 발 앞선 통찰을 했기 때문!

"독서의 최고 단계는 통합도 창조도 아닌 통찰할 수 있는 사람이 되는 것!"

피터 드러커, 앨빈 토플러 ➡ 세상과 미래에 대한 통찰력!

두께가 다른 독서(3)

"경영이란 인문학(Liberal Art)과 같다."

경영이 지식과 지혜처럼 삶의 원리를 끌어낸다는 점에서 liberal(자유로운 사고)이며, 지혜를 적용하고 실천해야 한다는 점에서 art(과학이 아니고 기교)이다.

독서에도 공식이 있다!

독서 = 책 + 밖에 나온 腦(손) + 안에 있는 腦(의식) + 새로운 사유

독서는 새로운 생각과의 조우다!

독서의 모든 것?!

눈으로 책을 읽는 것!
➡ 독서의 형태 중에 가장 초보적인 형태

"눈으로 책을 읽는 것과 손으로 책을 읽는 것은 걷기와 비행기 타기의 차이와 같다."

"나는 운이 좋아서 남들이 다 걸어갈 때, 자전거를 타고 갈 때, 자동차를 타고 갈 때, 비행기를 타고 부산에서 서울로 온 것일 뿐!"

철학자와 책!(1)

직접 듣고 이해 _ 기원전 5세기경
글을 읽고 사고 _ 지금까지

소크라테스 : "글로 써진 단어에 의지하기 때문에 사고 능력을 저하시킨다. 외부의 도움에 의존한다."

Memo

철학자와 책!(2)

"결국 소크라테스는 단 한 권의 책도 쓰지 않은 철학자!"

"단 한 권의 책도 쓰지 않고, 책을 혐오했던 위대한 철학자를 통해 책 읽는 방법을 발견해야 하는 역설!"

소크라테스?!(1)

대화를 통해 사고력 향상
글에 의존할 때 사고력이 저하될 수 있다는 것을 발견한 유일한 철학자!

그래서! 독서의 방법이 독서를 많이 하는 것보다 백 배 더 중요한 것이다!
사고력이 저하되는 독서를 하고 있다.

소크라테스?!(2)

그래서!
수동적인 독서보다 능동적인 독서를 하라고 독서 전문가들이 주장하고 있다.
하지만 그것도 여전히 완벽하지 않다!

소크라테스?!(3)

빌 게이츠는 사고의 기술을 가진 자이기 때문에 독서 습관이 가치가 있었던 것이다.

생각주간 = 생각의 달인!

스티브 잡스는 왜 소크라테스와 점심을 할 수 있다면 애플의 모든 기술력을 주겠다고 했을까? 철학이 아니라, 사고의 기술을 배우기 위해!

Memo

抄意識 독서법 요약정리

1. 손을 사용하여 뇌를 깨우는 독서

2. 의식을 최대한 활용하여 의식을 확장하는 독서

초의식 독서법은

눈이 아닌 손으로 사고와 뇌를 깨우고, 몸이 아닌 의식을 최대한 집중하고 사용하여 더 빨리 더 쉽게 더 효과적으로 사고와 의식을 확장시키는 독서법이다.

抄意識 독서법

몸		의식		초의식 독서
초서 독서 	+	의식 독서 	=	극대화 
온몸을 사용하여 독서하는 것		온 정신을 활용하여 독서하는 것		자신의 능력을 뛰어넘는다
눈➡손➡뇌		마인드 파워 의식혁명		독서의 고수가 될 수 있다

讀書의 神이 되는 의식

"문제는 능력이 아니라 의식에 달려 있다."

1. 책과 하나라는 의식
2. 평생 매일 한다는 의식
3. 삶이 곧 독서라는 의식
4. 독서가 인생의 전부라는 의식

Memo

抄意識 독서법 5단계

1. **의식 강화** 및 정신 집중.
2. 책에 따라 다양한 독서 및 접근법으로 책과 하나가 된다.
3. 핵심내용과 개념을 뽑아내고 새로운 개념을 발견해나간다 (발견해나가는 과정).
4. 책과 자신의 개념을 하나로 통합시킨다(의식과 사고의 확장 과정).
5. 손을 사용하여 연필로 쓰기를 통해 더 확실하게 자신의 의식 확장을 정리하고 기록한다(초서하는 과정).

부록 : 효과 있는 독서 Tip

1. 반드시 연필을 들어라.
2. 책 한 권에 목숨 걸지 마라.
3. 독서력은 축적이 되면 기하급수적으로 향상된다.
4. 독서법은 자전거 타기와 같다. 절대 조급해하지 마라.

- 감사합니다! -

김병완의 초의식 독서법
인생을 바꾸는 독서혁명 프로젝트

1판 1쇄 발행 2014년 2월 14일
2판 1쇄 발행 2020년 8월 10일
3판 1쇄 발행 2025년 6월 16일

지은이 김병완

기획·책임편집 김성수　**편집** 정소리　**디자인** 윤종윤 이정민　**마케팅** 김다정
브랜딩 함유지 박민재 김희숙 이송이 박다솔 조다현 김하연 이준희 복다은
저작권 박지영 형소진 주은수 오서영 조경은
제작 강신은 김동욱 이순호　**제작처** 천광인쇄사

펴낸곳 (주)교유당　**펴낸이** 신정민
출판등록 2019년 5월 24일 제406-2019-000052호

주소 10881 경기도 파주시 회동길 210
문의전화 031.955.8891(마케팅)　031.955.2692(편집)　031.955.8855(팩스)
전자우편 gyoyudang@munhak.com

홈페이지 www.gyoyudang.com
인스타그램 @thinkgoods　**트위터** @think_paper　**페이스북** @thinkgoods

ISBN 979-11-94523-46-8 13020

• 아템포는 (주)교유당의 교양·자기계발·실용 브랜드입니다.
　이 책의 판권은 지은이와 (주)교유당에 있습니다.
　이 책 내용의 전부 또는 일부를 재사용하려면 반드시 양측의 서면 동의를 받아야 합니다.